现代物流管理专业系列教材

物流成本管理

主　编　耿文娟
副主编　王　丽　郭晓娟

西北工业大学出版社

西安

【内容简介】 本书根据适度运用理论、突出实际操作和运用的原则,全面论述了物流成本管理的基本理论与方法,阐述了物流成本核算、物流成本预测与决策、物流成本预算与控制、仓储成本管理、运输成本管理、配送成本管理、包装与装卸搬运成本管理以及物流成本绩效管理等内容。

本书注重先进性原则,根据现代物流管理工作的具体要求,注重学习应用最新的物流成本管理理论、操作方法和手段。同时,本书注重多样性原则,每个项目提供了知识目标、技能目标,穿插了知识拓展和大量的实用案例,并在项目后附有项目小结、技能训练和同步测试。

本书具有科学性、系统性、知识性、实用性等特点,适合作为高等学校物流管理专业以及相关专业的教材,也可以作为企业从事物流成本管理及相关人员的参考用书。

图书在版编目(CIP)数据

物流成本管理 / 耿文娟主编. — 西安:西北工业大学出版社,2021.12
现代物流管理专业系列教材
ISBN 978-7-5612-8060-7

Ⅰ.①物… Ⅱ.①耿… Ⅲ.①物流管理-成本管理-高等职业教育-教材 Ⅳ.①F253.7

中国版本图书馆 CIP 数据核字(2021)第 254008 号

WULIU CHENGBEN GUANLI

物 流 成 本 管 理

耿文娟　主编

责任编辑:杨　睿	策划编辑:杨　睿
责任校对:付高明	装帧设计:李　飞

出版发行:西北工业大学出版社
通信地址:西安市友谊西路 127 号　　邮编:710072
电　　话:(029)88491757,88493844
网　　址:www.nwpup.com
印 刷 者:西安浩轩印务有限公司
开　　本:787 mm×1 092 mm　　1/16
印　　张:10.375
字　　数:257 千字
版　　次:2021 年 12 月第 1 版　　2021 年 12 月第 1 次印刷
书　　号:ISBN 978-7-5612-8060-7
定　　价:58.00 元

如有印装问题请与出版社联系调换

前　言

现代物流是企业获取利润的源泉,越来越多的企业逐渐注重节约物流成本。目前,物流成本管理业成为我国高校物流管理专业教学的核心课程。然而,我国物流成本管理起步较晚,要实现系统、科学的管理,还需要不断地进行理论探索和企业实践。为此,本书精心挑选了在教学领域和实践领经验丰富的优秀教师团队进行编写。

为适应企业物流成本管理的需要和教学改革的需求,结合近几年物流成本管理发展的最新成果,编写了本书。本书共分为九个项目:项目一为物流成本管理概述,综合介绍物流成本及物流成本管理相关的知识内容,为后续的学习打下基础。项目二为物流成本核算,主要介绍物流成本核算的内容和方法。项目三为物流成本预测与决策,包含物流成本预测和决策相关知识。项目四为物流成本预算与控制,介绍物流成本预算的方法,以及在物流成本预算的基础上,关于成本分析与控制相关内容。项目五为仓储成本管理,主要包括仓储成本构成、核算和优化方法。项目六为运输成本管理,介绍了运输成本构成、各种运输方式的核算方法,以及控制运输成本、运输合理化的途径。项目七为配送成本管理,介绍配送成本构成、核算与估化方法。项目八为包装与装卸搬运成本管理,分别介绍了包装和装卸搬运成本管理的方法。项目九为物流成本绩效管理,介绍了企业的物流成本管理绩效评价的意义和方法,以及物流成本评价体系的构建。

在内容上,本书进行了以下创新:

(1)基于企业管理需要,树立物流成本管理理念。企业需要懂成本管理的综合型人才。本书倡导物流"大成本"理论,融入先进的物流成本管理思想和方法,体现课程建设的核心是要树立现代物流成本管理理念,加强校企合作,以企业实际需求为宗旨,以提高学生应用能力为目标,使其既具有岗位操作技能,又有成本管理理念。

(2)基于物流实际需要,突出成本管理和控制。物流成本管理的基础是物流成本核算,目标是控制和降低物流成本。本书尊重物流管理现状,在企业人员参与指导下,并非面面俱到和求全求深,而是侧重物流成本核算、控制和分析,对仓储、运输、配送等物流,分析其成本构成、进行成本核算,并在此基础上进行成本控制,把课程内容与企业需求联系起来,目的为解决实际问题。

(3)基于授课教师需要,达到知识结构无缝对接。本书中的"知识链接""案例阅读"等部分,对相关问题进行适当补充和解释,使专业问题尽可能通俗易懂,既保证了教材体系,又满足了教学需要,达到知识结构的无缝对接。

(4)基于教学对象需要,适应就业岗位能力要求。本书根据职业岗位能力设计课程标准,针对高职学生的综合情况,围绕专业培养目标和岗位需求设计,在物流成本管理内容基础上,针对物流核心功能成本管理进行研究。各部分内容既相互联系又具有独立性,教材体例设计科学合理,有利于读者对内容学习与掌握。

本书由山西国际商务职业学院耿文娟、王丽、郭晓娟编写而成。具体编写分工如下:耿文娟编写项目一至项目五;郭晓娟编写项目六和项目七;王丽编写项目八和项目九。

在本书的编写过程中,参阅了相关著作与资料,并在参考文献中尽可能逐一列示,若有疏漏,敬请谅解。

由于笔者水平有限,书中难免有疏漏和不妥之处,恳请读者不吝赐教,批评指正。

编 者

2021 年 9 月

目　录

项目一　物流成本管理概述 ………………………………………………………… 1
　　任务一　物流成本认知 ……………………………………………………… 2
　　任务二　物流成本管理认知 ………………………………………………… 6
　　任务三　物流成本相关理论 ………………………………………………… 10

项目二　物流成本核算 ……………………………………………………………… 15
　　任务一　物流成本核算概述 ………………………………………………… 16
　　任务二　作业成本法 ………………………………………………………… 23

项目三　物流成本预测与决策 ……………………………………………………… 35
　　任务一　物流成本预测 ……………………………………………………… 36
　　任务二　物流成本决策 ……………………………………………………… 39

项目四　物流成本预算与控制 ……………………………………………………… 48
　　任务一　物流成本预算 ……………………………………………………… 48
　　任务二　物流成本控制 ……………………………………………………… 55
　　任务三　物流成本控制方法 ………………………………………………… 58

项目五　仓储成本管理 ……………………………………………………………… 67
　　任务一　仓储成本构成 ……………………………………………………… 68
　　任务二　仓储成本核算 ……………………………………………………… 71
　　任务三　仓储成本优化 ……………………………………………………… 78

项目六　运输成本管理 ……………………………………………………………… 84
　　任务一　运输成本概述 ……………………………………………………… 85
　　任务二　道路运输成本的构成与核算 ……………………………………… 87
　　任务三　水路运输成本的构成与核算 ……………………………………… 95
　　任务四　铁路运输成本的构成与核算 ……………………………………… 98

任务五　航空运输成本的构成与核算……………………………………………… 100
　　任务六　运输成本的优化…………………………………………………………… 102

项目七　配送成本管理………………………………………………………………… 110
　　任务一　配送成本的构成与核算…………………………………………………… 110
　　任务二　配送成本的控制…………………………………………………………… 117
　　任务三　配送成本的优化…………………………………………………………… 120

项目八　包装与装卸搬运成本管理…………………………………………………… 127
　　任务一　包装成本构成与核算……………………………………………………… 128
　　任务二　包装成本控制与优化……………………………………………………… 131
　　任务三　装卸搬运成本构成与核算………………………………………………… 133
　　任务四　装卸搬运成本控制与优化………………………………………………… 138

项目九　物流成本绩效管理…………………………………………………………… 142
　　任务一　物流成本绩效评价概述…………………………………………………… 142
　　任务二　物流责任中心考核………………………………………………………… 145
　　任务三　物流成本绩效评价指标体系……………………………………………… 147
　　任务四　物流企业绩效综合评价…………………………………………………… 151

参考文献………………………………………………………………………………… 158

项目一　物流成本管理概述

【知识目标】

1. 了解成本、物流成本和物流成本管理的内涵；
2. 了解物流成本特征及分类；
3. 了解物流成本管理内容及程序；
4. 掌握物流成本管理的方法；
5. 理解物流成本管理相关学说。

【技能目标】

1. 能对物流成本进行有效分类；
2. 能举例说明成本的相关理论；
3. 具备从多角度思考物流成本的思维能力。

【案例导入】

成都金桥物流有限公司总经理算了一笔账，当你在超市里花 6 元钱，买一瓶 2.25 升的可口可乐时，你也许不太注意，这 6 元钱里包含了人工成本、原材料成本及物流成本，最后才是一瓶可口可乐的利润。其实，这瓶可口可乐的制造成本只不过 4 元左右，利润不过几毛钱，而相比之下，物流的成本却超过了 1 元钱。一瓶可口可乐在仓储、运输上消耗的费用能够占到销售价格的 20%～30%。

事实上，物流成本已经成为企业生产成本中不可忽视的一笔消耗。在市场竞争日益激烈的今天，原材料和劳动力成本所产生的利润空间日益狭小，劳动生产率提升的潜力空间也有限，加工制造领域的利润趋薄，靠降低原材料消耗、劳动力成本或大力提高制造环节的劳动生产率来获得大利润已相当困难。因此，商品生产和流通中物流环节成为继劳动力、自然资源之后的"第三利润源"，而保证这一利润源实现的关键就是降低物流成本。

思考：企业如何通过物流成本管理来增加利润？

任务一 物流成本认知

现代物流水平已成为衡量一个国家综合国力的重要标志之一。控制物流成本、减少物流费用,是提高我国国民经济整体水平的重要手段之一。物流产业是未来新经济的增长点和第三利润源,而保证这一利润源实现的关键就是进行物流成本管理,有效降低企业、行业的物流成本。

一、物流成本的概念

1. 成本

成本是指企业在经营过程中,为生产商品和提供劳务等所耗费的物化劳动和活劳动的必要价值的货币表现,是商品价值的重要组成部分。

成本与费用既联系紧密,又有一定的区别。成本是指生产某种产品、完成某个项目或者做成某件事情的代价,也即发生的耗费的总和,是对象化的费用。费用是指企业在获取当期收入的过程中,对企业所拥有或控制的资产的耗费,与会计期间的收入相配比。

总的来说,费用是成本的基础,没有费用发生就不会形成成本。按对象归集的费用即构成成本,但其发生期与补偿期并非完全一致;而不予对象化的费用则可按发生期间归集,由同期收入补偿。

2. 物流成本

据《中华人民共和国国家标准 物流术语》(GB/T 18354—2001),物流成本是指企业物流活动中所消耗的物化劳动和活劳动的货币表现。物流成本包括货物在运输、储存、包装、装卸搬运、流通加工、物流信息、物流管理等过程中所耗费的人力、物力和财力的总和,以及与存货有关的流动资金占用成本、存货风险成本和存货保险成本。

此外,物流成本还可从不同角度和范围进行定义。

(1)狭义的物流成本。狭义的物流成本,是指在物流过程中,企业为提供有关的物流服务,要占用和耗费一定的活劳动和物化劳动中必要的劳动价值的货币表现,这是物流服务价值的重要组成部分。

在商品经济中,物流互动是创造时间价值、空间价值的过程。要保证生产和物流活动的有序、高效率、低消耗地进行,需要耗费一定的人力和物力,投入一定的劳动。一方面,物流劳动同其他生产劳动一样,也创造价值,即在社会需要的限度内会增加商品价值,扩大生产耗费数量,成为生产一定种类及数量产品的社会必要劳动时间的一项内容,其总额必须在产品销售收入中得到回报。另一方面,物流劳动又不完全等同于其他生产劳动,它并不增加产品使用价值总量,相反,产品总量往往在物流过程中因损坏、丢失而减少,同时为进行物流活动,还要投入大量的人力、物力和财力。

(2)广义的物流成本。广义的物流成本包括狭义的物流成本与客户服务成本。广义物流成本包括客户服务成本,指物流活动是企业追求客户满意,提高客户服务水平的关键因素和重要保障,客户服务是连接和统一所有物流管理活动的重要方面。

3.物流成本构成

物流成本涵盖了生产、流通、消费全过程的物品实体与价值变化而发生的全部费用。物流成本包括物品从生产源点的采购开始到最终客户手中的仓储、搬运、装卸、包装、运输,以及在消费领域发生的验收、分类、保管、配送、废品回收等过程发生的所有成本。物流成本具体由以下几部分构成:

(1)物流活动中的人力成本。具体包括职工工资、奖金、津贴及福利等。

(2)运输成本。具体包括人工费用、运营费用和其他费用。

(3)流通加工成本。具体包括设备费用、加工材料费用、流通加工劳务费用、其他费用。

(4)配送成本。配送成本指配送中心进行分拨、配货、送货过程中所发生的各项费用。

(5)包装成本。具体包括包装材料费用、包装机械费用、包装技术费用、包装辅助费用、包装人工费用。

(6)装卸与搬运成本。具体包括人工费用、运营费用、装卸搬运合理损耗费用、其他费用。

(7)仓储成本。具体包括仓储持有成本、订货或生产准备成本、缺货成本、在途库存持有成本。

(8)用于保证物流系统运作的资金成本。

(9)研究设计、重组与优化物流过程的费用。

(10)其他费用。

在企业的各类财务报表中,所表现出来的物流费用主要是流通费用。一般管理费用中的保管费、运输费等"对外支付的物流费"并没有涵盖物流成本的全部费用。一般情况下,大多数企业发生的全部物流费用往往是实际出来的两倍或更多,而这些隐藏的部分被称为"第三利润源"或"物流冰山沉在水面以下的部分"。

二、物流成本特征

物流成本主要有三项特征。

1.物流成本的隐含性

在传统意义上,物流成本的计算总是被分解得支离破碎、难辨虚实。由于物流成本没有被列入企业的财务会计制度,因此,生产企业习惯将物流费用计入产品成本,不仅难以按照物流成本的内涵完整地计算出物流成本,而且连已经被生产领域或流通领域分割开来的物流成本,也不能单独地计算并反映出来。

2.物流成本削减的乘数效应

物流成本类似于物理学中的杠杆原理:物流成本的下降通过一定的支点,可以使销售额获得成倍的增长;物流成本上升一点,也可使销售额成本降低。假定销售额为100万元,物流成本为10万元,如果物流成本下降1万元,就可得到1万元的收益。可见,物流成本的下降会产生极大地利润收益。

3.物流成本效益背反

"背反"现象也称之为"交替损益"现象,即改变系统中任何一个要素,会影响其他要素的改变。系统中任何一个要素增益,必将对系统中其他要素产生减损的作用。通常对物流数量,人们希望最大;对物流时间,人们希望最短;对服务质量,人们希望最好;对物流成本,人们希望最低。然而,在实际中,上述要求是难以实现的。高的物流成本是高水平的物流服务的保证,这是物流系统效益背反性的体现。企业很难既提高服务质量水平,同时又降低物流成本,除非有根本性的技术进步。若物流成本上升的幅度低于经济效益增长幅度,则表示物流成本占的比例在缩小,经济效益所占比例在增加,经济效益提高。

三、物流成本分类

1. 按物流活动的不同功能环节分类

按物流活动的不同功能环节分类,从总体上来看,物流成本由包装成本、装卸成本、运输成本、储存成本、流通加工成本、配送成本和物流信息成本七项构成。

(1)包装成本。包装成本包括以下内容:包装材料费用;包装机械费用,主要包括包装机械折旧费、低值易耗品摊销费、维修费等;包装技术费用,主要指实施缓冲包装、防潮包装、防雷包装等费用;包装辅助费用,包括包装标记设计费、印刷费、辅助材料费等;包装的人工费用,包括从事包装工作的工人及其他有关工作人员的工资、福利费等。

(2)装卸成本。装卸成本的构成主要有以下内容:人工费用;营运费用,主要指固定资产折旧费、维修费、材料费等;装卸合理损耗费,如装卸中发生的货物破损、散失等;其他费用,如办公费、差旅费、保险费等。

(3)运输成本。运输成本包括以下内容:人工费用;营运费用,如营运车辆的燃料费、养路费、保险费等;其他费用,如办公费、差旅费、事故损失等。

(4)储存成本。储存成本包括以下内容:储存持有费用、订货或生产准备费用、缺货费用、在途库存持有费用等。

(5)流通加工成本。流通加工成本包括以下内容:流通加工设备费用,如设备折旧、维修等费用;流通加工材料使用,主要指投入到加工过程中的材料成本;流通加工人工费用;其他费用,如加工过程中的电力、燃料、油料,以及车间经费等。

(6)配送成本。配送成本包括以下内容:配送运输费,主要指配送运输中发生的车辆费用和营运过程中的间接费用;分拣费用,主要指分拣过程中发生的人工费和设备费等;配装费用,主要指配装时发生的材料费用和人工费等;其他费用,主要指配送发生的设备使用费、折旧费等。

(7)物流信息成本。物流信息成本主要包括信息处理费、信息设备费、通信费等。

2. 按物流成本的性质不同分类

从物流成本的性质来看,物流成本的构成可分为人工成本、营运成本、保管成本、信息成本和其他成本。

(1)人工成本。人工成本主要包括管理人员工资、津贴等,工人的工资、福利、奖金、津贴等,以及其他人员的费用。

(2)营运成本。营运成本主要包括运输费、装卸费、设备折旧费、设备维护费、材料耗损费、燃料费等。

(3)保管成本。保管成本主要包括材料费、仓储费、库存物资相关费用等。

(4)信息成本。信息成本主要包括信息设备费、消耗品费、通信费等。

(5)其他成本。其他成本主要指以上没有涉及的办公费、差旅费等。

3. 按物流成本发生于企业内、外部不同分类

(1)企业内部发生的物流费用。企业内部物流费用包括以下内容:物流硬件和软件投资,如配送中心和仓库等物流设施的建设费、维修费和折旧费,企业购置的所有物流装备的购置费、维修费、折旧费,企业用于物流物流设施建设的银行利息,企业物流管理和物流作业人员的工资、福利开支,企业中与物流相关的水电费、煤气费、招待费、工具器具费等,企业物流宣传教育、人员培训、出差等费用,企业原材料采购发生的物流费、企业产品销售活动中发生的物流费,以及商品退货与废弃物回收过程中发生的物流费、企业物流活动中发生的信息费、流通加工费,等等。

(2)企业外部发生的物流费用。企业外部发生的物流费用是指如委托运输公司的运输费、装卸费、包装费,委托仓储企业的货物存储费和装卸搬运费,委托包装企业进行货物包装的包装费,委托咨询公司或专家、学者进行物流科研的费用等。

4. 按物流成本发生的产品流程分类

(1)供应物流费。供应物流费是指从原材料(包括容器、包装材料)采购到供应给购入者或制造业者这一物流过程中所需费用。

(2)企业内部物流费。企业内部物流费是指从产品运输、包装开始到最终确定向客户销售这一物流过程中所需的费用。

(3)销售物流费。销售物流费是指从确定向客户销售到向客户交货这一物流过程所需要的费用。

(4)退货物流费。退货物流费是指随售出产品的退货而发生在物流活动过程中的费用。

(5)废弃物流费。废弃物流费是指由于产品、包装或运输容器材料等的废弃而发生的费用。

5. 按物流成本的性态分类

成本性态也称成本习性,是指成本总额与业务总量之间的依存关系。成本总额与业务总量之间的关系是客观存在的,并且具有一定的规律性。物流成本从性态分类可分为变动成本和固定成本。

(1)变动成本。变动成本是指成本总额随业务量的增减变化而近似成正比例增减变化的成本,如材料的消耗、燃料消耗、工人的工资等。这类成本的特征是业务量高,成本的发生额也高;业务量低,成本的发生额也低。变动成本具有两个特征:一是变动成本总额的正比例变动性;二是单位变动成本的不变性,即在业务量不为零时,单位变动成本不受业务量的增减影响而保持不变。

(2)固定成本。固定成本是指在一定的业务量范围内,成本总额与业务量的增减变化无关的成本,如固定资产折旧费、管理部门的办公费等。这类成本的特征是物流系统正常经营条件下,成本必定要发生的,而且在一定的业务量范围内基本稳定。固定成本具有两个特征:一是固定成本总额的不变性,即固定成本总额不随业务量的增减而变动;二是固定成本的反比例变动性,即单位固定成本随业务量的增减呈反比例变动。

在实际工作中,企业内还存在混合成本,混合成本兼有固定成本和变动成本的性质,它会随着业务量的变动而变动,但其变动幅度并不随业务量的变动保持严格的比例,例如车辆设备的日常维修费用。事实上,在物流系统的运营中,混合成本所占的比例还是较大的。对于混合成本,可按一定方法将其分解为变动和固定两部分,并分别划分到变动成本和固定成本中。混合成本的分解可以依据历史数据进行,常用高低点法、散点图法和回归直线法,或者也可以由财务人员通过账户分析法或工程分析法进行混合成本的分解。

物流成本的形态分类,有利于开展物流成本的预测、决策和控制。

6. 按物流成本的可控性分类

(1)可控成本。可控成本是指成本的责任单位对成本的发生能够控制的成本。如在生产企业中直接材料成本可以由生产部门和供应部门进行控制。因材料的耗用量而发生的成本对生产部门来说就是可控的,因价格原因形成的成本对生产部门就是不可控的。因此,作为可控成本时,必须同时具备以下四个条件:①责任单位能够通过一定的方式了解这些成本是否发生以及何时发生;②责任单位能够通过对这些成本进行精确地计量;③责任单位能够通过自己的行为对这些成本加以调节和控制;④责任单位可以将这些成本的责任分解落实。

(2)不可控成本。凡不能满足上述条件的成本,称为不可控成本。责任单位不应当承担不可控成本的相应责任。

需要注意的是,成本的可控性是相对的,由于它与责任单位所处的管理层次高低、管理权限和控制范围的大小以及管理条件的变化有着直接的关系,因此,在一定空间和时间条件下,可控成本与不可控成本可以相互转化。

7. 按物流成本的核算目标分类

现代成本核算有三个主要目标:一是反映业务活动本身的耗费情况,以便确定成本的补偿尺度;二是落实责任,以便控制成本,从而明确有关单位的经营业绩;三是确保物流业务的质量。因此,物流成本按核算目标的不同,可分为业务成本、责任成本和质量成本。

8. 按物流成本的计算方法分类

(1)实际成本。实际成本是指企业在物流活动中实际消耗的各种费用的总和。

(2)标准成本。标准成本是指通过精确地调查、分析与技术测定而指定的一种预计成本,是在一定的技术水平和管理条件下应当达到的成本目标。通过实际成本与标准成本的比较,企业可以计算成本差异,并分析差异原因,进而采取相应的改进措施。

任务二　物流成本管理认知

一、物流成本管理概念

物流成本管理是以物流成本信息的产生和利用为基础,按照物流成本最优化的要求有组织地进行预测、决策、计划、控制、分析和考核等一系列的科学管理活动。

二、物流成本管理的内容

物流成本管理的最终目的是从物流系统的角度出发,在保证服务质量的前提下,强化总体物流管理,控制物流成本支出,降低物流成本总额。具体来说,物流成本管理的内容包括物流成本核算、物流成本预测、物流成本决策、物流成本计划、物流成本控制。

1. 物流成本核算

物流成本核算是指企业根据确定的成本计算对象,采用相应的成本计算方法,按照规定的成本项目,通过一系列物流费用的汇集与分配,计算出各个物流环节成本计算对象的实际总成本和单位成本。

物流成本的客观存在及其重要性,要求企业应对其进行合理有效的核算。物流成本核算的作用主要体现为两方面。

(1)通过物流成本的核算,可以提供全面、系统地物流成本信息,企业能够准确把握物流成本的规模和它在生产成本中所占的地位,进而及时发现自身物流活动中存在的问题,并及时采取措施加以解决。

(2)利用物流成本会计核算所提供的资料,可以为企业编制物流成本预算和预算控制提供所必需的资料。正确地核算物流成本,可以为企业提供准确的物流成本信息,提高物流管理的效率,降低物流成本。因此,加强物流成本的会计核算和管理,可为提高企业物流成本管理水平打下坚实的基础。

2. 物流成本预测

物流成本预测是指依据物流成本与各种技术经济因素的依存关系,结合企业发展前景及采取的各种措施,利用一定的科学方法,对未来物流成本水平与变化趋势做出科学的推测和估计。

物流成本预测能使企业对未来的物流成本水平与变化趋势做到"心中有数",并能与物流成本分析一起为企业的物流成本决策提供科学的依据,以减少在物流成本决策中的主观性和盲目性。

3. 物流成本决策

物流成本决策是指根据物流成本分析和物流成本预测所得的相关数据、结论及其他资料,运用定性与定量的方法,选择最佳成本方案的过程。具体来说,物流成本决策就是以物流成本分析和预测的结果等为基础建立适当目标,拟定几种可以达到该目标的方案,根据成本效益评价从这些方案中选出最优方案的过程。物流成本决策主要有以下三点步骤。

(1)搜集有助于决策的资料。搜集与进行该项物流成本决策相关的成本资料及其他资料,是物流成本决策可靠的基础。一般来讲,全面、真实、具体是搜集资料的基本要求。

(2)拟定可行性方案。物流成本决策的可行性方案就是指保证成本目标实现而具备实施条件的措施。进行决策前,企业必须拟定多个可行方案,才能从比较中择优。可见,一个成功的决策应该有一定数量(当然应各自具备一定的质量)的可行性方案为保证。

拟定可行性方案时,应把握住两个基本原则:一是保持方案的全面、完整性;二是满足方案之间的互斥性。当然,在实际工作中,这些原则可以根据具体情况,灵活应用。

(3)做出选优决策。对各种可行性方案,应在比较、分析之后根据一定的标准,采取合理的方法进行筛选,做出成本最优化决策。

对可行性方案的选优决策主要应把握两点:一是确定合理的优劣评价标准,包括成本标准和效益标准；二是选取适宜的抉择方法，包括定量方法和定性方法。

4. 物流成本计划

物流成本计划是指根据物流决策方案、生产任务、成本惯例和控制要求，运用科学的方法，以货币形式规定未来物流各个环节中成本费用的耗费水平，并提出保证物流成本计划实施的具体措施过程。

物流成本计划管理，可以为企业在降低物流各环节成本费用方面提供明确的目标，推动企业加强物流系统成本管理和控制责任度，增强成本意识，挖掘降低物流成本的潜力，保证企业物流系统成本目标的实现。

5. 物流成本控制

物流成本控制是采用特定的理论、方法、制度等对物流各环节发生的费用进行有效的计划管理。

加强库存管理，合理控制存货是物流成本控制的首要任务。企业存货成本包括持有成本、订货或生产准备成本，以及缺货成本。存货量过多，虽然能满足客户的需求，但是增加了企业的存货持有成本；存货量不足，虽然能减少存货持有成本，但是又不能正常满足客户的需求，造成增大缺货成本和订货成本。

三、物流成本管理方法

物流成本管理的方法分为横向管理法、纵向管理法和计算机系统管理法。

1. 横向管理法

物流成本横向管理即对物流成本进行预测和编制计划。物流成本预测是在编制物流计划之前进行的，是对本年度物流成本进行分析，在充分挖掘降低物流成本潜力的基础上，寻求降低物流成本的有关技术经济措施，以保证物流成本计划的先进性和可靠性。

2. 纵向管理法

物流成本纵向管理即对物流过程的优化管理。物流是一个创造性和空间性价值的经济活动过程。为使其能提供最佳的价值效能，就必须保证物流各个环节的合理化和物流全过程的迅速、通畅。物流系统是一个庞大而复杂的系统，要对它进行优化，需要借助先进的管理方法和管理手段。

（1）用线性规划、非线性规划制订最优运输计划、实现物品运输优化。物流过程中遇到最多的是运输问题。例如，某产品现由某几个企业生产，又需供应给某几个客户，怎样才能使得企业生产的产品运到客户所在地时总运费最小。假定这种产品在企业中的生产成本为已知，从某企业到消费地的单位运费和运输距离，以及各企业的生产能力和消费量都已确定，则可用线性规划来解决；如果企业的生产数量发生变化，生产费用函数是非线性的，就可使用非线性规划来解决。

（2）运用系统分析技术，选择货物最佳的配比和配送路线，实现货物配送优化。配送路线是指各送货车辆向各个客户送货时所要经过的路线，它的合理与否，对直接影响着配送速度、车辆的利用效率和配送费用的高低与大小。目前，较成熟的优化配送线路的方法是节约法，也称节约里程法。

(3)运用存储论确定经济合理的库存量,实现存储优化。存储是物流系统的中心环节。物资从生产到客户之间需要经过几个阶段,几乎在每一个阶段都需要存储,而在每个阶段库存量要保持多少为合理。为了保证供给,需隔多长时间补充库存。一次进货多少才能达到费用最省的目的。这些都需要确定库存量,可以在存储论中找到解决的方法。其中,应用较广泛的方法是经济订货批量模型,即EOQ模型。

(4)运用模型。运用模型技术对整个物流系统进行研究,实现物流系统的最优化。例如,克莱顿·希尔模型是一种采用逐次逼近法的模拟模型。这一模型提出了物流系统的三项目标,即最高的服务水平、最小的物流费用和最快的信息反馈。在模拟过程中,克莱顿·希尔模型采用逐次逼近的方法来求解下列决策变量:流通中心的数量、对客户的服务水平、流通中心收发货时间、库存分布、系统整体的优化。

3. 计算机管理系统管理法

计算机管理系统将物流成本的横向与纵向连接起来,使物流形成一个不断优化的物流系统的循环。通过一次次循环、计算、评价,整个物流系统得以不断地优化,最终找出其总成本最低的最佳方案。

四、物流成本管理的发展

物流活动的发生,会产生相应的物流成本。最初在提出物流成本管理这一概念时,并没有将其放在一个重要的位置,这与物流管理产生的背景有直接的关系。物流成本管理是在第二次世界大战期间提出的,其出发点是为美国军队解决一些后勤问题。然而,由于运用在军事上首先注重的是军用物资供应的可达性和及时性,成本的考虑是放在次要的,因此,在这个阶段,物流成本管理没有得到较大的发展。

随着生产技术的发展,产品成本的下降,关于流通成本问题逐渐浮现,分销领域物流成本控制的问题产生了。同时,激烈的市场竞争和物价上涨及人工成本的提高,造成企业利润率降低。而企业已经难以通过提高产品售价来增加利润,同时在降低产品生产的成本方面,也是困难重重。

当人们开始通过加强物流管理来挖掘第三利润源的时候,物流成本的问题也开始引起企业的注意,这使物流成本管理成为成本管理的一个组成部分。我们可从其发展中对比我国目前物流成本管理的现状。

1. 欧美国家成本管理的发展

欧美国家的企业物流成本管理的一般发展过程大致经历了物流成本认识阶段、物流项目成本管理阶段、引入物流预算管理制度阶段、物流预算管理制度确立阶段和物流业绩评价制度确立阶段。

2. 日本物流成本管理的发展

在日本,物流兴起于20世纪50年代,发展至今已形成了一套完整的物流体系,由重视功能变为重视技术,进而变为重视服务。物流成本管理一直受到日本物流界的重视。在长期的发展中,物流成本与财务结算制度逐步相连接。

3. 我国物流成本管理的发展

我国的物流起步较晚。1979年,"物流"这一概念从日本介绍到中国。20世纪80年代初,我国国有物资部门开始从宏观角度研究物流。20世纪90年代初,激烈的竞争、业态的多样化致使流通利润的下降,引起商业系统开始重视物流。尤其重视连锁经营与物流配送关系的研究。物流成本开始进入初步的研究和试验性管理阶段。

进入20世纪90年代后期,国内一些企业内部开始设立专门的物流部门,也开始出现了不同形式的物流企业(大多物流企业是由原运输企业、仓储企业、商业企业或工业企业等改造重组而来),有少数物流企业开始根据物流理论,按照物流运作规律进行组织与管理。物流成本管理表现出组织化特点。

进入21世纪,我国物流业发展走向国际化、全球化,关于物流成本管理理论和方法的研究进入了一个新的阶段,出现了一些关于物流成本管理的专著和论文。一些企业开始引入物流成本预算制度,将物流环节的运输、储存、装卸搬运等,制订了一些行业的定额指标。总之,关于物流成本管理应用的研究工作在我国尚处于起步阶段,仍未建立专门的物流成本核算体系,缺乏规范的核算。然而,近几年有不少企业也在探讨和摸索,取得了一些积极的成果。学术界也在积极探讨关于建立统一的物流成本计算标准的问题。通过对物流成本的管理来改善物流流程,降低成本,提高效益,这已经成为我国物流业的核心问题之一。

任务三 物流成本相关理论

一、黑大陆学说

在财务会计中,生产经营费用大致可划分为生产成本、管理费用、营业费用、财务费用,再将营业费用按各种支付形态进行分类。这样,利润表中所能看到的物流成本在整个销售额中只占极小的比例,因此物流的重要性并不会被认识到,这就是物流被称为"黑大陆"的原因之一。

由于物流成本管理存在的问题及有效管理对企业盈利和发展具有重要作用,1962年,著名的管理学家彼得·德鲁克在《财富》杂志上发表了题为《经济的黑色大陆》一文,他将物流比作"一块未开垦的处女地",强调应高度重视流通及流通过程中的物流管理。彼得·德鲁克曾经讲过"流通是经济领域的黑暗大陆"。彼得·德鲁克泛指的是流通,但由于流通领域中物流活动的模糊性特别突出,且是流通领域中认识不到位的领域,因此,"黑大陆"学说主要针对物流而言。

在"黑大陆"中,如果理论研究和实践探索照亮了这块黑大陆,那么摆在人们面前的可能是一片不毛之地,也可能是一片宝藏之地。"黑大陆"学说是对20世纪中叶经济学界存在的愚昧认识的一种批驳和反对,它指出在市场经济繁荣和发达的情况下,无论是科学技术还是经济发展,都没有止境。"黑大陆"学说也是对物流本身的正确评价,即这个领域未知的东西还很多,理论与实践皆不成熟。

二、第三利润源

"第三个利润源"理论是日本早稻田大学名誉教授、日本物流成本学说的权威学者西泽修在 1970 年提出的。

从历史发展来看,人类历史上曾经有过两个大量提供利润的领域。在生产力相对落后、社会产品处于供不应求的历史阶段,由于市场商品匮乏,制造企业无论生产多少产品都能销售出去,于是企业就大力进行设备更新改造、扩大生产能力、增加产品数量、降低生产成本,以此来创造企业剩余价值,即"第一利润源"。当产品充斥市场,供大于求,销售产生困难时,也就是第一利润达到一定极限,难以持续发展时,企业便采取扩大销售的办法寻求新的利润源。

对于人力来说,最初是廉价劳动,其后则是依靠科技进步提高劳动生产率,降低人力消耗或采用机械化、自动化来降低劳动耗用,从而降低成本,增加利润,这是"第二利润源"。然而,在这两个利润源潜力越来越小,利润开拓越来越困难的情况下,物流领域的潜力被人们重视,于是出现了西泽修教授的"第三个利润源"理论。

这三个利润源着重开发生产力的三个不同要素:第一个利润源的挖掘对象是生产力中的劳动对象;第二个利润源的挖掘对象是生产力中的劳动者;第三个利润源的主要挖掘对象则是生产力中劳动工具的潜力,同时注重劳动对象与劳动者的潜力,因而更具全面性。

三、冰山学说

物流冰山学说是由日本的西泽修提出来的,他潜心研究物流成本时发现,现行的财务会计制度和会计核算方法都不可能掌握物流费用的实际情况,致使人们对物流费用的了解一片空白,甚至产生了很大的虚假性。因此,西泽修把这种情况比作"物流冰山"。

西泽修指出,盈亏计算表中"销售费用和管理费用"栏中记载的"外付运费"和"外付保管费"的现金金额,不过是冰山一角。冰山的特点是大部分沉在水面以下,是看不到的黑色区域,即隐性成本;而看到的不过是它的一小部分,即显性成本。物流便可看作是一座冰山,其中沉在水面以下的是看不到的黑色区域,而看到的只是物流成本的一部分,人们过去之所以轻视物流,是因为只看见了冰山的一角,而没有看见冰山全貌。

在企业财务会计中,向企业外部支付的物流成本能体现出来,即为显性成本;而企业内消耗的物流成本一般是不能体现出来的,即为隐性成本。如果把会计报表中记载的物流成本,只认为是企业外部支付的部分,把它误解为"冰山全貌",企业就会面临险境。因此,只有对物流成本进行全面计算,才能够解释清楚混在有关费用中的成本。

四、效益背反理论

"效益背反"又称为"二律背反",这一术语表明了两个相互排斥而又被认为是同样正确的命题之间的矛盾。效益背反说认为,物流的若干功能要素之间存在着损益的矛盾,即某一个功能要素的优化和利益发生的同时,必然会存在另一个或另几个功能要素的利益损失是这一领域中内部矛盾的反映和表现。

"效益背反"是物流领域中很普遍的现象,也是物流领域中内部矛盾的反映和表现。物流系统的效益背反包括物流成本与服务水平的效益背反和物流各功能活动之间的效益背反。

1. 物流成本与物流服务水平的效益背反

一般来讲,物流服务水平与成本是一种此消彼长的关系,两者之间的关系适用于收益递减原则,在服务水平较低的阶段,如果追加 X 单位的成本,服务水平将提高 Y,而在服务水平较高的阶段,同样 X 单位的成本,提高的服务质量只有 $Y'(Y'<Y)$。由此可见,无限度地提高服务水平,成本上升的速度会加快,而服务效率则不会大幅提高,甚至下降。

2. 物流各功能活动之间的效益背反

物流成本之间存在效益背反规律,物流的各项活动(如运输、仓储、包装、装卸搬运、流通加工、配送等)之间的效益背反,如减少库存据点并尽量减少库存,会使库存的补充更加频繁,进而增加运输成本。因此,物流系统是以成本为核心,按最低成本的要求,使整个物流系统化。它不仅强调的是调整各要素之间的矛盾,还强调各要素之间有机地结合起来。这要求必须从总成本的角度出发,以系统的角度看问题,追求整个物流系统总成本的最低。

五、系统说

1973 年,美国哈佛大学教授詹姆斯·海斯凯特在著作《企业物流》(*Business Logistics*)中,用系统论的方法对企业物流活动进行了深入的阐述。其主要观点有:企业各物流活动之间、物流与其他经营活动和客户服务之间存在着普遍的内在联系。在考察个别物流活动的变化时,应尽可能从总体和系统的角度进行比较,分析要素间的互动关系。詹姆斯·海斯凯特认为,对物流活动应当进行系统管理,要对各种物流活动成本及其相互关系,在既定的客户服务水平约束下,进行有效协调和权衡。也就是说,无论是显性成本,还是隐性成本,所有的物流活动和结果都可以换算成物流成本。系统说理论通过物流成本对物流活动进行管理,成为研究物流管理的切入点。

六、成本中心说

成本中心说的含义是:物流在整个企业战略中,只对企业营销活动的成本发生影响。物流是企业成本重要的产生点,因而解决物流的问题,并不仅仅要搞合理化、现代化,为了支持保障其他活动;更主要的是通过物流管理和物流的一系列活动降低成本。因此,成本中心既是指主要成本的产生点,又是指降低成本的关注点。物流是"降低成本的宝库"等说法正是对这种认识的形象表述。

七、服务中心说

服务中心说理论是在"效益背反"理论基础上于 20 世纪 60 年代提出的。该理论认为,企业物流成本与物流服务水平存在背反关系,企业在进行物流成本管理时不能一味地强调节约耗费、降低成本,而应该立足于在保持和提高企业对客户服务水平的基础上,通过寻求物流成本与服务之间的平衡点,保持企业的整体竞争优势。服务中心说认为,物流活动的最大作用并不在于为企业节约了成本或增加了利润,而在于提高企业对客户的服务水平,进而提高企业的竞争力。该理论对物流的描述采用"后勤"一词,强调物流活动的保障职能,通过对企业竞争优势与能力的培养,从整体上压缩企业的综合经营成本和发展潜力。

项 目 小 结

物流成本管理是物流管理的核心内容。本章从成本概念入手,着重介绍物流成本的概念、构成、分类及特点,并从会计统计核算、企业整体综合和管理等多角度认识物流成本。

在物流成本管理研究过程中,物流成本相关理论为物流成本研究奠定了良好的基础,了解主流物流成本管理相关理论,如"黑大陆"学说、效益背反理论、服务中心说、"第三利润源"等理论。

【技能训练】

通过当地企业、网络资源、文献资料等方式调查物流企业成本管理情况和目前物流成本管理中存在的主要问题。调查结束后,整理资料并形成总结。

【同步测试】

一、单选题

1. 根据"物流成本冰山"说,露在水面上的部分是(　　)。
   A. 企业内部消耗的物流费　　　　　B. 制造费用
   C. 委托的物流费　　　　　　　　　D. 自家的物流费
2. 第二利润源是(　　)。
   A. 劳动者　　　　　　　　　　　　B. 劳动对象
   C. 劳动产品　　　　　　　　　　　D. 劳动工具
3. 广义的物流成本包括狭义的物流成本和(　　)。
   A. 隐性成本　　　　　　　　　　　B. 客户服务成本
   C. 工人工资　　　　　　　　　　　D. 流通加工成本
4. 物流成本效益背反现象中,优化系统中任何一个要素,必将会使系统中其他要素的利益产生(　　)。
   A. 增加　　　　　　　　　　　　　B. 减损
   C. 不变　　　　　　　　　　　　　D. 不确定
5. (　　)是物流成本管理的基础。
   A. 物流成本预测　　　　　　　　　B. 物流成本核算
   C. 物流成本决策　　　　　　　　　D. 物流成本分析

二、多选题

1. 按物流成本的形态分,可将物流成本分为(　　)。
   A. 变动成本　　　　　　　　　　　B. 固定成本
   C. 可控成本　　　　　　　　　　　D. 不可控成本
2. 物流成本管理的内容主要有(　　)。
   A. 物流成本预测与物流成本预测决策
   B. 物流成本预算与物流成本核算
   C. 物流成本控制与物流成本分析

D. 物流成本反馈与物流成本的修订
3. 按物流成本的计算方法,可分为( )。
A. 单位成本　　　　　　　　　　B. 标准成本
C. 计划成本　　　　　　　　　　D. 实际成本
4. 物流成本管理的方法有( )。
A. 横向管理法　　　　　　　　　B. 纵向管理发
C. 计算机管理系统管理法　　　　D. 模型分析法
5. 下列各项存在效益现象的有( )。
A. 横向管理法　　　　　　　　　B. 纵向管理法
C. 计算机管理系统管理法　　　　D. 交叉管理法

三、简答题

1. 简述物流成本的构成与分类。
2. 什么是物流成本管理？物流成本管理的内容有哪些？
3. 举例说明物流成本的"效益背反"理论。
4. 简述"物流冰山说"。
5. 简述物流成本的特征。

项目二　物流成本核算

【知识目标】

1. 了解物流成本核算及常见问题；
2. 了解物流成本核算内容；
3. 熟悉物流成本核算范围和要求；
4. 掌握物流成本核算方法。

【技能目标】

1. 能处理物流成本核算的问题；
2. 能根据给定资料核算有关物流成本；
3. 会应用作业成本法进行企业物流成本核算。

【案例导入】

某家电生产企业产品事业部（电视机、冰箱、洗衣机和空调），其产品统一由销售公司和销售给7个分公司，整个企业的销售物流成本没有进行单独核算，包括运输费用、仓储费用、物流管理费在内的销售物流成本大部分都分散在企业"销售费用"账户的各项费用项目中，销售公司不仅要负责四类产品的销售推广和销售组织，还全面负责销售物流的组织与管理。

目前为加强物流管理，适应商流和物流的分离的发展趋势，该企业提出把销售物流职能从销售公司中分离出来，成立单独的物流公司，由物流公司以第三方物流形式开展公司的销售物流业务。

为了更好地进行决策，公司管理层要求财务部门提供一份目前的物流成本实际发生信息。由于以往没有对物流成本进行单独的核算，财务人员只能统计出外包的运输和仓储业务的成本，不能明确提供整个销售物流成本的全面情况。于是，企业认识到物流成本的核算对于企业做出物流管理决策及进行物流系统优化的重要性，准备在下一会计期间开始进行物流成本的核算。

思考：如果你是该公司财务经理，你将如何进行物流成本的核算？

任务一　物流成本核算概述

物流成本核算是根据企业确定的成本计算对象,采用相应的成本计算方法,按照规定的成本项目,通过一系列物流费用的归集和分配,从而计算出各物流环节成本计算对象的实际总成本和单位成本。

一、物流成本核算特点

目前,对多数企业而言,系统科学的物流成本核算体系尚未建立。而与传统产品成本核算相比,企业在物流成本核算方面的特点主要有以下五点内容。

1. 物流成本涵盖范围广

物流成本比传统成本计算范围要大得多。从供应链的角度来看,物流包括了原材料的供应物流、企业的内部物流、销售物流、回收物流和废弃物流。物流成本涵盖的范围广泛,然而目前绝大多数企业的物流成本核算的范围仅着重供应物流、销售物流环节所发生的费用,忽视了其他物流环节所发生的费用。

2. 物流成本的计算方法不统一

目前,我国对物流成本的计算方法还没有形成统一的标准,并且在传统的会计核算中,没有设立专门针对物流成本的会计科目和账簿,因此,对于相关物流费用的计算,一般由各个企业根据自身情况,或单独计算部分物流成本,或与其他成本费用混合计入相关科目。例如,产品在制造过程中发生的物流费用被计入制造费用并最终计入产品成本,在商品退货及处理废弃物等环节所发生的有关费用则会被计入管理费用、其他业务成本等科目。

3. 归集物流费用所涉及的要素难以界定

物流成本核算过程与传统成本核算过程基本相同,都是将费用按照一定的成本项目归集到某成本计算对象的过程。然而,物流成本核算与传统成本核算又有不同,物流成本核算是"大成本"概念。哪些费用要素应该计入物流成本很难被界定,企业通常只是把支付给外部运输、仓储企业的物流费用归集到物流成本,而将企业内部发生的与物流相关的人工费、设施设备折旧费、维修费等物流费用则与其他经营费用混在一起计算,并未单独列入物流成本。

4. 物流成本核算计算对象比较多维

计算物流成本,明确物流成本计算对象是前提。传统核算的计算对象,如按品种、按步骤、按类别等相对比较容易确定。然而,物流涉及的过程复杂、涵盖的内容广泛、费用要素较难确定。因此,物流成本计算对象的可选性就比较大,如按功能、按范围、按客户等计算,而以不同的对象来计算物流成本,结果往往相差很大。

5. 现行会计制度核算物流成本难度高

现行的会计制度和会计核算方法对物流成本没有分列记账,一般不单独核算物流成本,而是将企业所有成本都列在成本费用项目中,如将其分摊到"材料采购""生产成本",以及各项期间费用中进行混合核算,企业不会因为计算物流成本打乱传统的会计核算体系。如把包括在这些成本费用中的物流费用划分出来单独加以汇总计算,则会增加操作成本,因此在现行制度下核算物流成本难度大。

二、物流成本核算的原则

物流成本核算以现金支出为中心,以实际发生为基础。在实际核算的过程中,处理物流成本应该合乎逻辑和实际情况。为提高物流成本核算的质量,发挥成本核算应有的作用,物流成本核算应该遵循以下八项原则。

1. 客观性原则

客观性原则包括真实性原则和可核实性原则。真实性原则是指物流成本核算要求提供的成本信息是真实的,各项数据准确,要与客观的经济事项一致,不应该人为地增加或降低成本;原则可核实性是指成本核算资料按照一定的原则由不同的会计人员加以核算都能得到相同的结果,以保证成本信息的正确可靠。

2. 相关性原则

相关性原则包括成本信息的有用性和及时性。有用性是指成本核算中所提供的成本信息应该满足信息使用者的需要,为成本分析、预测和决策等服务;及时性强调信息取得的时效性,必须在经济业务发生时即时进行,讲求实效,以便信息的即时使用。

3. 一致性原则

企业根据自身经营特点和管理要求,确定适合本企业的物流成本核算对象、核算方法、核算项目,并且一经确定就不能随意变更,如需要变更应该根据管理权限,要经股东大会或董事会或经理(厂长)会议或类似机构批准,并在报表附注中予以说明。其目的是使各期成本资料有统一的口径,前后连贯,互相可比,以提高成本的利用程度。

4. 可比性原则

可比性原则是指物流成本核算应该按照规定的会计方法进行处理,会计指标应该一致,从而使各企业之间的信息具有可比性。

5. 合法性原则

合法性原则是指计入成本的支出都必须符合国家法律、法规、制度等关于成本支出范围和标准的规定,不符合规定的支出不能计入成本。所谓成本支出范围,是指哪些支出可计入成本,哪些支出不可计入成本。成本支出标准是指可计入成本支出范围的数据限制。

6. 权责发生制原则

权责发生制原则是指成本核算应该以权责发生制为基础,对于应由本期成本负担的支出,不论其是否在本期已经支付都要计入本期物流成本;不应由本期物流成本负担的支出,即使在本期支付,也不应计入本期物流成本。

权责发生制原则是为了划分支出发生时间以及支出收益时间的界限,以便正确处理各项待摊费用和预提费用,进而为正确划分各期物流成本界限提供保证,最终得以准确地提供各项物流成本信息。

7. 分期核算原则

企业为了取得一定期间所发生的物流成本,要将生产经营活动按照一定阶段划分为各个时期,分别计算各期物流成本,这就是分期核算原则。成本核算的分期必须与会计年度的分月、分季、分年相一致,这样便于利润的计算。

8. 重要性原则

重要性原则是指在物流成本核算的过程中,应基于管理要求,区分主次,把那些对物流成本有重大影响的项目作为管理重点,力求精确;而对那些不太重要的琐碎项目,则可以从简处理。

发生的经济业务是否重要,不仅要看该项目的金额大小,还要衡量该项目业务的性质以及对信息使用者所起的作用和影响力的大小。物流成本核算遵循重要性原则,其目的是在满足管理要求的前提下,讲求成本核算工作的成本效益原则。

三、物流成本核算的范畴

(一)物流成本核算内容

企业物流的一切活动最终体现为经济活动,经济活动必然要求进行经济核算、成本计算、业绩考核,因此,物流成本核算贯穿于企业整个物流活动的全过程。企业的物流活动包括运输、仓储、包装、装卸搬运、流通加工、配送和信息处理等多个环节,它们构成了企业物流成本核算的主要内容。此外,物流成本核算还包括存货相关成本(见表2-1)。

表2-1 企业物流成本核算内容构成表

成本项目			内容说明
物流功能成本	物流运作成本	运输成本	一定时期内,企业为完成货物运输业务而发生的全部费用,包括从事货物运输业务的人员费用、车辆(包括其他运输工具)的燃料费、折旧费、维修保养费、租赁费、养路费、过路费、年检费、事故损失费、相关税金等
		仓储成本	一定时期内,企业为完成货物仓储业务而发生的全部费用,包括从事仓储业务的人员费用、仓储设施折旧费、维修保养费、水电费、燃料与动力消耗等
		包装成本	一定时期内,企业为完成货物包装业务而发生的全部费用,包括从事包装业务的人员费用、包装材料消耗、包装设施折旧费、维修保养费、包装技术设计、实施费用,以及包装标记的设计、印刷等轮班助费用
		装卸搬运成本	一定时期内,企业为完成货物装卸搬运业务而发生的全部费用,包括从事装卸搬运业务的人员费用、装卸搬运设施设备折旧费、维修保养费、燃料与动力消耗等
		流通加成本	一定时期内,企业为完成货物流通加工业务而发生的全部费用,包括从事流通加工业务的人员费用、流通加工材料耗费、加工设施折旧费、维修保养费、燃料与动力消耗等

续 表

成本项目		内容说明
物流功能成本	物流运作成本 — 物流信息成本	一定时期内,企业为采集、传输、处理物流信息而发生的全部费用,指与订货处理、储存管理、客户服务有关的费用,具体包括物流信息人员费用,软件、硬件的折旧费、维护保养费、通信费等
	物流运作成本 — 物流管理成本	一定时期内,企业物流管理部门及物流作业现场所发生的管理费用,具体包括管理人员费用、差旅费、办公费、会议费等
	物流运作成本 — 资金占用成本	一定时期内,企业在物流活动过程中负债融资多发生的利息支出(显性成本)和占用内部资金所发生的机会成本(隐性成本)
	物流运作成本 — 物品损耗成本	一定时期内,企业物流活动过程中所发生的物品跌价、损耗、毁损、盘亏等损失
	物流运作成本 — 保险和税收成本	一定时期内,企业支付的与存货相关的财产保险费以及因购进和销售物品应缴纳的税金支出

(二)物流费用的界定

会计核算资料包括企业一定时期内所有的费用支出,而确定哪些费用支出应该计入物流成本,这直接关系到物流成本核算是否正确。因此,在核算成本时,要注意分清有关费用支出的界限。

1. 正确划分不应计入生产经营成本的费用界限

企业的生产经营是多方面的,企业耗费和支出的用途也是多方面的,其中有一些支出不能计入生产经营活动成本。

(1)投资和筹资活动等支出不能计入生产经营成本。按现金流量表的规范,企业的全部经济活动可以分为生产经营活动、投资活动、筹资活动,在会计上,只有生产经营活动和与流动资金有关的筹资活动才可能计入生产经营成本。投资活动和筹资活动的一些耗费不能计入生产经营成本,例如,对外投资的支出、耗费和损失;对内长期资产的支出、耗费和损失,包括有价证券的销售损失、固定资产出售损失和报废损失等;各种筹资费用、包括应计利息、贴现费用、证券发行费用等。

(2)非正常的业务支出不能计入生产经营成本。企业的所有支出包括正常的支出和非正常的支出。在会计上,只有正常的生产经营活动支出才可能计入生产经营成本,非正常的业务支出不计入生产经营成本,而应计入营业外支出等账户。例如,灾害损失、盗窃损失等非常损失,滞纳金、违约金、罚款、损耗赔偿等赔偿支出,非流动资产处置损失、非货币性资产交货损失、债务重组损失、公益性捐赠支出、盘亏损失等。

2. 正确划分应计入物流成本的费用界限

企业正常的生产经营活动成本分为产品成本和期间费用。产品成本和期间费用是物流成本的主要构成内容。计算物流成本时,首先应从产品成本和期间费用有关的会计科目出发,按物流成本的内涵,逐一归集和计算物流成本。

3. 正确划分不同会计期间物流成本的费用界限

物流成本的计算期可分为月度、季度、半年度和年度,一般要求每月计算一次。因此,应计入物流成本的费用,还要在各月之间进行划分,以便分月计算物流成本。也就是说,在会计核算上,企业不能提前结账,将本月费用作为下月处理,也不能延后结账,将下月费用作为本月费用处理。同时,企业还要严格贯彻权责发生制原则,正确核算跨期摊提费用,以正确反映各会计期间物流成本。

4. 正确划分不同物流成本对象的费用界限

如果企业生产经营的成本对象不止一种,那么为了正确地计算各种成本对象的成本,必须将应计入当期物流成本费用在各种成本对象之间正确划分。凡属于某种成本对象单独发生,能够直接计入该种成本对象的物流费用,均应直接计入该种成本对象的成本;凡属于几种成本对象共同发生,不能直接计入某种成本对象的物流费用,则应采用适当的分配方法,分别计入有关的成本对象,并保持一惯性。

关于上述四种费用界限的划分,总的来说,就是要贯彻受益原则,即何者受益,何者负担费用;何时受益,何时负担费用;负担多少,按受益程度比例分担。

四、物流成本核算方法

物流成本核算常用的方法主要有会计方法、统计方法、会计和统计方法相结合的混合方法。

(一)会计方法

利用会计方法核算物流成本主要是通过凭证、账户、报表的完整体系,对物流耗费予以连续、系统、全面记录。采用会计方法核算物流成本,所提供的成本信息比较系统、全面、连续、准确和真实。该方法一般有以下三种形式。

1. 双轨制

双轨制也称独立的物流成本核算体系。双轨制要求把物流成本核算与财务会计核算截然分开,单独建立起物流成本的凭证、账户和报表体系。在单独合算的情况下,物流成本的内容在传统成本核算和物流成本核算中得到双重反映。双轨制的具体做法是,对于每项物流业务,均根据原始凭证编制一式两份记账凭证,一份连同原始凭证登记据以登记日常成本核算会计账簿,另一份交由物流成本核算人员登记有关物流成本核算账簿。

双轨制的优点是能随时清晰地反映物流成本的相关资料;缺点是成本核算工作量大,如果财务会计人员数量不多、物流专业知识缺乏,提供的信息也未必准确,从成本效益角度看,可行性比较小(见图2-1)。

2. 单轨制

单轨制即物流成本核算与企业先行的其他成本核算如产品成本核算、责任成本核算、变动成本核算等结合进行,建立一套能提供多种信息的共同凭证、账簿和报表核算体系。

单轨制的具体做法是,对现有的会计核算体系进行较大的变更,需要对某些凭证、账户和报表的内容进行调整,如在有关的成本费用账户下设物流费用专栏,同时根据需要还将增加一些凭证、账簿和报表。

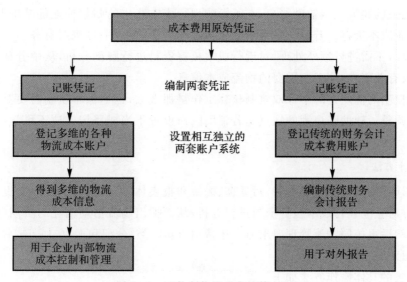

图 2-1　双轨制物流成本核算方法

单轨制的优点是两种成本核算工作同时进行,在不增加更多工作量的前提下,提供有关物流成本信息;单轨制的缺点是需要对原有的会计体系和相关内容做较大甚至彻底的调整(见图 2-2)。

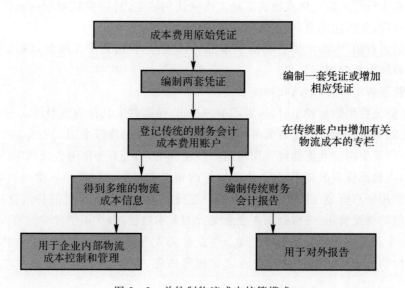

图 2-2　单轨制物流成本核算模式

3. 辅助账户制

辅助账户制是指在不影响当前会计核算体系的前提下,设置"物流成本"辅助账户。

辅助账户制的具体方法是,在"物流成本"账户下,根据需要按照成本项目、物流范围、支付形态等设置二级账簿、三级账簿等或专栏。若需要随时搜集物流成本信息,可与日常会计核算同时进行,企业在按照会计制度的要求编制记账凭证、登记账簿、进行日常的产品成本核算的同时,登记相关的物流成本辅助账户,在不影响现行成本账户的归集分配的基础上,通过账外核算得到物流成本资料。若不与日常会计核算同时进行,企业平日按照财务会计制度的要求进行会计核算,不需进行额外处理,对现行成本核算资料进行解剖分析,从中分理处物流成本的部分,计入有关账户,加工所需要的物流成本信息。

辅助账户制的优点是既不像双轨制核算工作量那么大,也不像单轨制需要对原有会计核算体系进行调整。辅助账户制的缺点是若辅助账户设置不当或登记方法不科学,也会增加工作量。

(二)统计方法

采用统计方法计算物流成本时,对凭证、账簿和报表体系没有要求,仅需要提供物流成本信息时,通过对企业先行成本核算资料进行分析,从而抽出物流活动消耗的费用(即物流成本主体部分),然后再按照物流管理要求对上述费用重新归类、分配和汇总,加工成物流管理所需要的成本信息。

统计方法的具体操作方法如下。

(1)通过对"材料采购""管理费用"等账户的分析,抽出供应物流成本部分,如"材料采购"账户中的外地运输费,"管理费用"账户中的材料在市内运杂费等,并按功能类别、支付形态类别进行分类核算。

(2)从"生产成本""制造费用""辅助生产""管理费用"等账户中抽出生产物流成本,如人工费部分按物流人员的人数比例或物流活动工作量比例确定,折旧修理费按物流作业所占固定资产的比例确定,并按功能类别、支付形态类别分类核算。

(3)从"销售费用"中抽出销售物流成本部分,包括销售过程中发生的运输、包装、装卸搬运、保管、流通加工等费用。

(4)从"管理费用"中抽出回收物流费用。

(5)废弃物流费用数额较小时,可以不单独抽出,而是并入其他物流费用。

(6)委托物流费用的计算比较简单,它是企业对外支付的物流费用。

(7)其他物流费用。其他物流费用是指除上述费用外,还有一部分传统成本核算没有包括进去,却要归入物流成本的费用,如外企业支付的物流费用等。物流利息费用的确定,可按企业物流作业所用资产资金占用额乘以内部利率进行计算。外企业支付的物流费用部分中,供应外企业支付的物流费用,可根据在本企业交货的采购数量,每次以估计单位物流费用率进行计算;销售外企业支付的物流费用可根据在本企业交货的销售量乘以估计单位物流费用率进行计算。单位物流费用率的估计可参考企业物资供应、销售在对方企业交货时的实际费用水平。

按照物流管理上的要求,对上述各项费用进行重新归类、分配、汇总,加工成物流管理所需要的信息。

与会计方法归集和分配费用类似的是,在计算物流成本时,单独为物流作业所消耗的费用直接计入物流成本,间接为物流作业所消耗的费用,以及物流作业与非物流作业共同耗费的费用,应按一定比例进行分配计算,如从事物流作业人员比例、物流工作量比例、物流作业所占资金比例等。统计方法的优点是运用起来比较简单、方便。然而,由于在现有会计体制下,无法对物流耗费进行全面、连续、系统地核算,所以据此得来的信息精确程度受到一定影响。

(三)混合方法

混合方法是将会计方法和统计方法结合的方式来计算物流成本。企业按照物流成本管理的不同要求和目的设置相应的物流成本核算一级账户和明细账户。但过细的会计科目设置会给企业核算增加许多工作量,是不合适的。因此,企业在设置账户前应该考虑物流成本核算可能给企业带来的收益,以及增设物流成本核算账户将会增加的会计成本。在这种情况下,企业也可以考虑用会计和统计相结合的方式进行物流成本核算。

混合方法的具体操作方法是,将物流耗费的一部分内容通过会计方法予以核算,另一部分内容通过统计方法计算。

(1)设置物流成本辅助账簿,可根据企业管理的需要开设,不要求系统性。

(2)根据现行的成本核算资料(分散于各成本费用账户中的物流费用),登记各物流成本辅助账簿,进行账外的物流成本核算(显性成本部分)。

(3)对于现行成本核算没有包括但属于物流成本应该包括的费用,其计算方法与统计方式下的计算方法相同。

(4)月末根据各物流成本辅助账户所提供的资料编制范围类别、功能类别、形态类别等各种形态的物流成本报表,提供有关信息

这种方法的优缺点介于会计核算方法和统计核算方法之间,即它没有会计核算方法复杂,但也没有会计核算方法准确、全面。

任务二 作业成本法

物流费用包括直接费用和间接费用,直接费用通过一定的程序和方法可以直接归入成本对象,而间接费用则需要采用一定的方法进行分配,计入成本对象,而分配方法的选择是影响物流成本核算结果的又一重要因素。

作业成本法的产生最早可以追溯到20世纪30年代末40年代初,由杰出的会计大师埃里克·科勒提出。科勒当时所面临的问题是,如何正确计算水力发电行业的成本。1952年他在《会计师词典》中系统的阐述了他的作业会计思想。

1971年,乔治·斯托布斯出版了《作业成本计算和投入产出会计》。作为研究成本会计的杰出理论家,他坚持:会计是一个信息系统,作业成本会计是一种决策有用性目标相联系的会计。研究作业成本会计应首先明确三个概念:作业;成本;会计目标—决策有用性。会计要揭示收益的本质,首先就必须解释报告的目标,这个目标表示托管责任或受托责任,主要是为投资者的决策提供信息,作业成本计算中的"成本"不是一种存量,而是一种流出量。会计若要较好的解决成本分配问题,成本计算的对象就应是作业,而不是完工产品,成本不应硬性分为直接材料、直接人工、间接费用,而是应该根据资源投入量,计算利用每种资源的完全成本。

20世纪80年代,美国哈佛大学库伯和卡普兰两位教授撰写了一系列案例、论文和著作,作业成本法引起西方会计界的普遍重视。随后,库伯相继发表了一系列关于作业成本法的论文,这些论文基本上对作业成本法的现实需要、运行程序、成本动因的选择、成本库的建立等方面做了较全方位的分析。库伯还和卡普兰合作在《哈佛商业评论》上发表了《计算成本的正确

性:制定正确的决策》一文。这标志着作业成本法开始从理论走向应用。

20世纪末,以美、英等国家为代表的西方会计界开始对作业成本法的理论和实践产生了广泛的研究兴趣,许多会计学者发表和出版了大量研究探讨作业成本法的论文和专著,作业成本法已成为人们广泛接受的一个概念和术语,作业成本法的理论亦日趋完善,并已在西方国家的一些企业中得到了推广应用,更促使了作业成本法的发展。

一、作业成本法内涵

作业成本法(Activity Based Costing, ABC),是指通过对所有作业活动进行追踪动态反映,计量作业和成本对象的成本,评价作用业绩和资源利用情况的方法。作业成本法以作业为中心,根据作业对资源耗费的情况,将资源的成本分配到作业中,然后根据产品和服务所耗用的作业量,最终将资源耗费分配到产品或服务中去,体现的是一种精致化和多元化的成本核算和管理思想。

作业成本法的基本原理可概括为产品消耗作业,作业消耗资源,并导致成本的发生。作业成本法把成本核算深入到作业层次,它以作业为单位搜集成本,并把"作业"或"作业成本池"(同一成本动因下的多个作业组成的成本中心)的成本按作业动因最终分配到成本对象。

具体来说,作业成本法计算首先将企业所消耗的资源通过资源动因分配到作业或作业池中,形成作业或作业成本池成本,然后再将作业或作业成本池的成本通过成本动因分配到成本计算对象上,计算出产品或劳务的成本(见图2-3)。

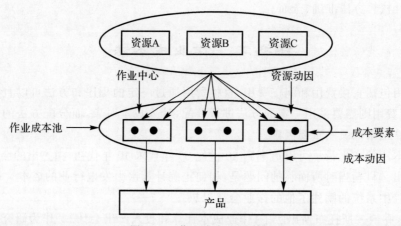

图2-3 作业成本法原理图

作业成本法改进了传统的成本分配方法采用单一成本分配基础的弱点,力图找到资源消耗与成本对象之间的因果关系,体现一种精细化和多元化的管理思想。

二、作业成本法相关概念

作业成本法是根据实际作业流程所耗费的资源分摊成本,将间接成本直接、准确的分摊到每一产品或服务上。作业成本法的使用可以帮助企业管理者弄清每件产品、每个订单的成本和利润,从而做出正确的决策。

作业成本法涉及的概念包括资源(Resource)、作业(Activity)、作业中心(Activity Centre)、成本动因(Cost Driver)、成本对象(Cost Objects)和成本要素(Cost Element)等。

1. 资源

资源是指企业生产经营过程中,初始形态上的各种劳动耗费。资源执行作业所必需的经济要素,是支持作业成本、费用来源。资源有不同的分类方法,一般可以分为货币资源、材料资源(对象资源)、人力资源、动力资源以及厂房设备等资源等。

2. 作业

作业是作业成本计算中最基本的概念,是指企业为提供一定量的产品或劳务所发生的、以资源为重要特征的各项业务活动的总称。作业是汇集资源耗费的第一对象,也是连接资源耗费和成本对象的桥梁。物流作业包括包装作业、装卸搬运作业、运输作业、仓储作业、配送作业、物流信息处理作业、流通加工作业等。

3. 成本动因

成本动因不仅是决定成本产生的那些活动和事项,还是系统资源向作业、作业向系统最终产出分配成本的分配标准。

成本动因依其在资源流动中所处的位置划分为资源动因和作业动因两种。

(1)资源动因。资源动因是资源成本分配到各作业的标准。按作业成本法的规则,作业量决定资源的耗用量,资源耗用量与作业量有直接关系,与最终产品没有直接关系,资源的耗用量与作业量的这种关系称为资源动因。例如,人工费用主要与从事各项作业的人数相关,那么就可以按照人数向个作业中心(作业成本库)分配人工费用,从事各项作业的人数,就是一个资源动因。

(2)作业动因。作业动因是作业中心的成本分配到最终对象过程中的标准,可认为是各项作业被最终产品或劳务消耗的方式和原因,它反映了产品消耗作业的情况。例如,订单处理这项作业,其作业成本与其产品订单所需的处理份数有关,那么,订单处理份数就是一个作业动因,就可以按订单处理份数向产品分配订单处理作业的成本。

(3)资源动因和作业动因存在一些区别。资源动因连接着资源和作业,而作业动因连接着作业和产品。把资源分配到作业用的动因是资源动因;把作业成本分配到产品用的是作业动因。例如,工资是企业的一种资源,把工资分配到作业"质量检验"的依据是质量检验部门的员工数,这个员工数就是资源动因;把作业"质量检验"的全部成本按产品检验次数分配到产品,则检验的次数就是作业动因。

三、物流作业成本法计算步骤

物流作业成本计算一般经过一下步骤:分析和确定资源,建立资源库;分析和确定物流作业,建立作业成本库;确定资源动因,分配资源成本至作业成本库;确定作业动因,分配作业成本至成本对象;汇总计算各物流成本对象的总成本和单位成本(见图2-4)。

1. 分析和确定资源,建立资源库

物流资源是物流作业所消耗的各种劳动耗费。例如,发出订单式采购部门的一项作业,那么相应办公场所的折旧,采购人员的工资和附加费、电话费、办公费等,都是订货作业的资源费用。各项资源费用被确认后,要为每类资源设立资源成本库,并将一定会计期间的资源耗费归集到个相应的资源库中。资源库设置时,有时需要把一些账面或预算科目结合组成一个资源库,有时需要把一些被不同作用消耗的账面或预算科目分解开来。如果一个企业会计账户分类比较细,那么从明细账户的资料中就可以得到各种资源项目。

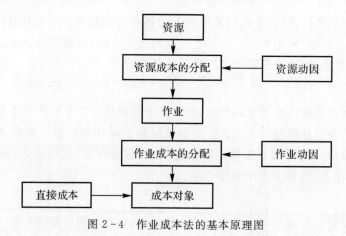

图 2-4 作业成本法的基本原理图

2. 分析和确定物流作业,建立作业成本库

企业经营过程中的每个环节和每道工序可以视为一项作业,企业的经营过程就是由若干作业构成的。物流作业主要包括运输作业、存储与保管作业、包装作业、装卸作业、配送作业、流通加工作业、信息处理等方面。

物流作业的划分不一定与企业的传统职能部门相一致。有时作业是跨部门的,有时一个部门则能完成好几项不同的作业,在确定作业时,既不能过于详细也不能过于综合,要遵循成本效益原则,把握好作业合并与分解的平衡。作业合并是指把所有性质相同的业务集合起来组成一个具有特定功能的作业的分析过程。以特定功能对作业进行合并,目的在于将单个的、细小的作业组合成可以作为成本对象的作业。作业分解是指把一个较大作业分解成为具有不同功能的作业过程,它与作业合并过程相反,比如运输作业可以分解为调度作业、运行作业、到达作业等。

3. 确定资源动因,分配资源成本至作业成本库

物流作业经分析、确认后,要为每一项作业设立一个作业成本库,然后以资源动因为标准将各项资源耗费分配至作业成本库。确定物流资源动因被消耗的情况而定,基本原则主要有三点。

(1)某一项资源耗费能直观地确定为某一特定产品或劳务所消耗,可按传统的费用分配方法直接计入该特定产品或劳务的成本中,此时资源动因也是成本动因,该动因可以认为是"终结耗费",如材料费一般都适用于该原则。

(2)如果某项资源耗费可以从发生领域区划为某项作业所耗,具有专属性,则可以直接计入该作业成本库,例如运输人员的工资费用、燃料被运输作业所消耗等。在这种情况下,资源动因可按作业消耗资源的关系确定,如按所使用设备的价值、按人数、按消耗量等作为资源动因。

(3)如果某项资源被多项作业所消耗,则需要选择合适的量化依据将资源分解并分配到各项作业,如各作业中心发生的信息费、办公费等,按多收益、多分摊的原则确定资源动因。

4. 确定作业动因,分配作业成本至成本对象

作业动因是将作业成本库成本分配到成本对象中去的标准,也是将作业耗费与最终产出向沟通的中介。物流作业具有复杂性,因此,作业动因的确定远比资源动因复杂。进行物流成

本计算时,作业动因的确认是难度最大也是关键的步骤,确认不当会直接影响成本计算的结果。在确定作业动因数量时需要考虑以下六个因素。

(1)成本计算的精确度。在计算成本时,既不能为每一项作业确定一个作业动因,也不能为所有的作业只确定一个作业动因,物流成本计算的精确度要求越高,需要的作业动因数越多。

(2)成本对象的多样化。物流成本对象越多,需要越多的作业动因来描述物流成本的发生过程。

(3)各作业的同质性。非同质性物流作业、关键物流作业的数目越多,必然需要越多的作业动因。

(4)作业批量的复杂性。进行不同批量的生产、运输、包装等活动的边际成本和平均成本不同,需要不同的作业动因来反映,因此,批量越复杂,成本动因越多。

(5)作业的关联度。成本动因与实际物流作业的关联度越高,所需的作业动因越少。

(6)物流组合的复杂程度。物流服务种类越少,作业成本项目的数量相应越少,作业成本更易于与具体作业向联系,因而所需的作业动因越少。

在选择作业动因时,应主要考虑以下四个因素。

(1)与实际作业消耗之间的相关性。作业成本计算的核心思想是根据每种产品消耗的作业动因量将作业成本分配给产品,这实际上是以产品消耗作业动因的数量作为产品消耗作业的计量标准。因此,成本分配的准确性依赖于作业消耗与作业动因之间的相关性,两者之间相关程度越高,现有的成本被歪曲的可能性就会越小。

(2)计量成本的合理性。传统成本体系以产量为标准,而作业成本系统则以更多的作业动因为标准来计算产品成本,以得到准确性较高的成本结果。需注意的是,作业动因必须可以量化,例如对于采购处理、进货验收、仓储、拣货等作业,其作业动因可分别选择为采购次数、托盘数、体积及所占空间、拣货次数等。

(3)获取作业动因成本。为了减少与成本动因有关的计量费用,应尽量采用数据容易获得的成本动因,这主要是通过替换掉不能直接得出作业消耗的成本动因来实现的。例如,加工小时可由加工次数来替换,若每次教工时间基本相同,这个替换时可以接受的。在以作业为基础的成本系统地设计中,用作业次数的作业动因替代作业时间的成本动因是一个很重要的方法,这是因为计算次数的成本动因较易取得,如订货次数、检查次数等,每进行一次作业,就可计算一次。

(4)汇总各物流成本对象的总成本和单位成本。经过上述归集和分配的各项物流作业成本加总,即得到成本对象负担的间接物流成本。再加上发生时直接计入的物流成本,就是该成本核算对象的物流总成本,并可以据此计算出单位物流成本。

四、作业成本法计算实例

某流通企业计算其在供应物流和销售物流阶段所发生的物流成本。某月份该企业发生的资源耗费主要有工资费 223 200 元、电费 11 988 元、折旧费 155 400 元、办公费 21 600 元,两阶段涉及的作业主要包括:①运输作业;②装卸搬运作业;③仓储作业;④物流信息作业;5 物流管理作业。其他有关资料如下:

(1)该企业有运输车 7 辆,每月可提供的运输作业为 1 232 小时,其中,为供应物流提供运输 529 小时,为销售物流提供运输 554.4 小时,余 148.6 小时。

(2)该企业有装卸机 3 台,每月可提供作业 594 机时。其中,供应阶段耗费的作业 231 机时,销售阶段耗费的作业297机时,余66机时。

(3)该企业仓储作业的人员及实施可提供504个作业机时。本月在供应物流阶段和销售物流阶段分别提供了276机时和178机时。

(4)该企业物流信息管理作业采用计算机辅助系统完成,该系统全月可提供作业176机时。其中,为供应阶段提供作业64机时,为销售阶段提供作业85机时,余7机时。

(5)该企业物流管理作业的人员及设施全月可提供作业320个作业小时,本月在供应阶段提供作业96个作业小时,销售阶段提供作业152小时,余72小时。

根据上述资料,可采用作业成本法计算企业供应物流成本和销售物流成本,并区分实际耗用资源和浪费资源。

解:第一步,确认和计量企业本月所提供的各类资源耗费(见表2-2)。

表2-2 企业当月资源耗费表

资源项目	工资	电力	折旧	办公费
资源价值/元	223 200	11 988	155 400	21 600

第二步:确认各种主要作业,建立作业成本库。

主要作业有:运输作业、装卸作业、仓储作业、物流信息作业、物流管理作业。

为每项作业分别设立作业成本库,用于归集各项作业实际消耗的资源。

第三步:确认各资源动因,将个资源耗费分配至各作业。

(1)工资分配。采用的资源动因为作业人数,根据各作业人数和对应工资标准对工资进行分配(见表2-3)。

表2-3 工资分配表

项目	作业						
	运输	装卸搬运	仓储	物流信息	物流管理	非物流作业	合计
人数	16	22	8	6	6	40	98
人均工资/元	2 500	1 800	2 000	3 500	3 500	2 140	
各项作业月工资/元	40 000	40 000	396 000	16 000	21 000	85 600	223 200

(2)电费的分配。电力资源耗费采用的资源动因为用电度数,已知每度电的价格为0.8元(见表2-4)。

表2-4 电费分配表

项目	作业						
	运输	装卸	仓储	物流信息	物流管理	非物流作业	合计
用电度数/度		1 650	2 200	1 050	860	8 100	13 860
每度电价格/元	0.8	0.8	0.8	0.8	0.8	0.8	
各项作业月消耗电费/元		1 320	1 760	840	688	6 480	11 088

(3)折旧费的分配。折旧费的发生原因在于有关作业运用了固定资产。因此,可根据各项作业固定资产使用情况来分配折旧费。折旧费相对于各项作业而言,一般属于直接成本,不需要采用自由动因进行分配。实践中可根据会计明细账资料直接统计(见表 2-5)。

表 2-5 折旧费分配表

项目	作业						
	运输	装卸	仓储	物流信息	物流管理	非物流作业	合计
各项作业折旧费/元	36 000	12 000	45 000	9 900	1 200	51 300	155 400

(4)办公费的分配。办公费发生的原因在于各项作业人员耗用了各项办公用品支出,其采用的资源分配动因为作业人数,人均办公费支出额为

$$21600/98=220.41 元$$

办公费分配结果见表 2-6。

表 2-6 办公费分配结果

项目	作业						
	运输	装卸	仓储	物流信息	物流管理	非物流作业	合计
人数	16	22	8	6	6	40	98
人均办公费/元	220.41	220.41	220.41	220.41	220.41	220.41	
各项作业办公费/元	3 526.53	4 848.98	1 763.27	1 322.45	1 322.45	8 816.32	21 600

将上述各项费用分配结果按作业进行汇总得表 2-7。

表 2-7 费用分配汇总

项 目	作业						
	运输	装卸	仓储	物流信息	物流管理	非物流作业	合计
工资费用/元	40 000	40 000	396 000	16 000	21 000	85 600	223 200
电费/元		1 320	1 760	840	688	6 480	11 088
折旧费/元	36 000	12 000	45 000	9 900	1 200	51 300	155 400
办公费/元	3 526.53	4 848.98	1 763.27	1 322.45	1 322.45	8 816.32	21 600
作业成本合计/元	79 526.53	57 768.98	64 523.27	33 062.45	24 210.45	152 196.32	411 288

第四步,确认各物流作业的成本动因见表 2-8。

表 2-8 物流作业成本动因

作业项目	作业成本动因
运输	作业小时
装卸搬运	作业机时
仓储	作业小时
物流信息	作业机时
物流管理	作业小时

第五步,计算各物流作业成本动因分配率见表 2-9。

表 2-9 物流作业成本动因分配率

物流作业	运输	装卸	仓储	物流信息	物流管理
物流作业成本/元	79 526.53	57 768.98	64 523.27	33 062.45	24 210.45
作业动因量	1 232	594	504	176	320
作业动因分配率	64.55	97.25	128.02	187.85	75.66

第六步,计算供应物流、销售物流实际消耗的资源价值以及未消耗的资源成本见表 2-10。

表 2-10 实际消耗的资源价值及未消耗的资源成本

作业项目	作业动因分配率	实际耗用作业动因量			未耗用成本动因量	实际耗用资源		未耗用资源
		供应物流	销售物流	合计		供应物流	销售物流	
运输	64.55	539	554.4	1 093.4	138.6	34 792.45	35 786.52	8 946.63
装卸搬运	97.25	231	297	528	66	22 464.75	28 883.25	6 418.50
仓储	128.02	276	178	454	50	35 333.52	22 787.56	6 401
物流信息	187.85	84	85	169	7	15 779.40	15 967.25	1 314.95
物流管理	75.66	96	152	248	72	7 263.36	11 500.32	5 447.52
合计						115 633.48	114 924.9	28 528.6

五、作业成本法的优势与劣势

(一)作业成本法的优势

作业成本法通过作业这一中介,将费用发生与成本形成联系起来,形象地解释了成本形成的动态过程,使成本的概念更为完整、具体。从成本管理的角度来看,作业成本法的优越性表现在以下四个方面。

1. 利用作业成本法可对企业产品、服务进行准确定价,使收入与成本配比

例如,对于大批量生产的标准产品,通过作业成本计算可以看出,它们的成本比用传统成本法计算所得出的成本低,这时价格就可以适当降低一些;而对于小批量生产地特制产品,通过作业成本计算可以看出,它们的成本比用传统成本法计算所得出的成本高,这时价格适当提高一些,才能使该产品不亏损。

2. 利用作业成本法提供的信息,企业可更好地选择产品组合

随着时代的变迁,客户对于产品的需求越来越趋于多样化和个性化,这就使得企业不得不面对产品组合的问题。越来越多的企业选择生产小批量、多样化产品的战略。然而,在估计该战略对企业成本多造成的影响这个问题上,许多管理者存在错误的想法。他们认为,许多成本尤其是间接成本是固定的,因此,从大批量标准产品生产转向小批量特制产品生产并不会引起企业成本明显变化。然而,新的产品组合由于包含许多小批量特制产品,对于批别层次和产品层次的支持作业将会有较多需求。如果企业没有多余的生产能力来实施这些作业,那么就必须负担增加的开销来购买用于实施这些作业的资源。利用作业成本法,企业管理者可以预先比较精确地估计每一种产品组合的成本,可以做出正确地产品组合决策,以增加企业利润。当然,定价和产品组合并不是孤立的两个问题。企业管理者可以把定价作为手段,以达到最佳的产品组合。例如,管理者通过提高小批量特种产品的价格和降低大批量标准产品的价格可以使他们的收入和成本更好地配比,这一举措还有一项附加成果,就是可以鼓励客户多购买大批量标准产品而少使用小批量特制产品。同样,通过提高亏损或低利润产品的价格的方法,企业可以逐渐挤出那些亏损和低利润产品并调整自己的产品组合,以达到利润最大化。

3. 利用作业成本法能进行合理预测,使企业更好地对资源进行管理和处置

在作业成本法所提供信息的帮助下,企业管理者可以清楚而准确地看到企业将来对资源的需求和企业现在对资源的提供之间的差额,需要额外的企业开销来补充;而对于那些预计提供量大于需求量的资源,企业管理者可以采取措施将对这些资源需求的减少转化为企业开销的减少,如将员工从不再有需求的作业岗位安排到人员紧缺的岗位,或者裁去多余的员工。这些行为使企业能够用少量的开销来获取同样多的收入,从而增加企业利润。从实质上看,作业成本法就是一种制定更加精确地资源消耗模型的工具,它可以使企业管理者更加准确地预测企业对资源的消耗,并据此做出更加合理的决策。

4. 关注成本发生的因果关系

由于产品的技术要求、项目种类、工艺复杂程度不同,其耗费的间接费用也不同。然而,传统成本法认为,产品是根据其产量均衡消耗企业的资源,因此,在传统成本法下,产量高、工艺复杂的产品的成本往往低于其实际耗用的成本。作业成本法则是先确定生产作业消耗了何种资源,进而直接追踪作业发生的决定因素,是根据作业动因将归集在作业成本库中的间接费用分配到产品成本中,而不是依据产量均衡地分配。作业成本管理把着眼点放在成本发生的前因后果上。通过对所有作业活动进行动态跟踪和反映,可以更好地发挥决策、计划和控制作用,以促进企业管理水平的不断提高。

(二)作业成本法的劣势

作业成本法存在一定的劣势:①作业中心的划分有一定难度,与成本动因无直接相关关系的制造费用还有选择一定的分配标准计入各作业中心,在一定程度上影响了作业成本法的准确性;②增加了成本核算的工作量,加大了核算成本。

项目小结

物流成本核算是物流成本管理的基础性工作。进行物流成本核算时,首先要结合自身的实际确定核算目的与核算对象,可以选取某一物流成本项目、某种物流功能、某个物流客户、某一产品、企业生产的某一过程、某一物流部门、某一地区以及某一物流设施设为没核算对象。按照这个核算对象设置相应的物流账户,然后设置相应的账簿,选择合适的成本核算方法,按步骤进行物流成本核算。

作业成本法是企业成本核算的主要方法。作业成本法的核算程序是建立作业成本库,按照资源动因将间接费用计入作业成本库;按照各个作业中心的成本,计算各自的成本动因率;计算各产品的单位成本。利用作业成本法进行物流成本核算,不仅可以了解到每单位商品的物流品成本水平,还可以知道这些费用是都是哪个环节发生的,发生了多少。计算得到的物流成本更强调成本的功能性和结构性,这体现了现代物流成本管理的新思想。

【技能训练】

2016年4月,某公司生产甲、乙两种产品,甲产品生产工艺比乙产品复杂。甲产品每月生产200件,乙产品每月生产300件(见表2-11和表2-12)。

表2-11 甲产品和乙产品的直接材料和直接人工资料

项目名称	产品名称	
	甲产品	乙产品
产品产量/件	200	300
直接材料/元	36 000	42 000
直接人工/元	8 000	9 600

表2-12 甲产品和乙产品的间接材料

物流消耗	包装	质检	设备维修	装卸	合计
4 950	1 440	800	988	700	8 878

表2-13 作业量和成本动因资料

作业类别	成本动因	作业量		
		甲产品	乙产品	合计
物流消耗/件	领用材料数量	102	123	225
包装费用/元	包装批次	15	21	36
质量检验/小时	质量检验小时	20	30	50
设备维修/小时	设备维护时数	6	7	13
装卸搬运/次	装卸搬运次数	4	6	10

通过计算完成表 2-14,要求:
(1)按作业成本法将间接费用在甲产品和乙产品之间进行分配。
(2)按作业成本法计算甲产品和乙产品的总成本和单位成本。

表 2-14 甲、乙产品作业成本分配表

作业类别	作业成本	分配率	甲产品		乙产品	
			成本动因	分配金额	成本动因	分配金额
物流消耗						
包装费用						
质量检验						
设备维修						
装卸						
合计						

【同步测试】

一、单选题

1. 从一定意义上讲,物流成本核算就是物流费用（　　）两大工作。

   A. 归集和记账　　　　　　　　B. 分配和控制

   C. 记账和控制　　　　　　　　D. 归集和分配

2. 核算物流成本时,（　　）需要采用一定的方法进行分配,以计入物流成本。

   A. 期间费用　　　　　　　　　B. 直接费用

   C. 所有费用　　　　　　　　　D. 间接费用

3. 物流成本按照取得或制造某项财产物资时所实际支付的现金金额计价,成为（　　）。

   A. 实际成本　　　　　　　　　B. 变现成本

   C. 历史成本　　　　　　　　　D. 固定成本

4. 以下不属于物流成本核算原则的是（　　）。

   A. 主观性原则　　　　　　　　B. 相关性原则

   C. 可比性原则　　　　　　　　D. 权责发生制原则

5. 物流成本核算中,将作业中心的成本分配到核算对象时的分配标准为（　　）。

   A. 资源动因　　　　　　　　　B. 作业动因

   C. 成本动因　　　　　　　　　D. 消耗动因

二、多选题

1. 物流成本核算的会计方法有（　　）。

   A. 双轨制　　　　　　　　　　B. 单轨制

   C. 辅助账户　　　　　　　　　D. 混合方法

2. 将资源费用分配给最终核算对象过程中的标准包括(　　)。
A. 资源动因   B. 作业动因
C. 成本动因   D. 专属动因
3. 下列对作业成本法基本原理概括正确的是(　　)。
A. 产品消耗作业   B. 作业消耗资源
C. 资源消耗费用   D. 费用消耗资金
4. 物流成本核算的主要方法有(　　)。
A. 会计法   B. 审计法
C. 统计法   D. 混合方法
5. 作业成本法相关的主要概念有(　　)。
A. 资源   B. 作业
C. 成本动因   D. 作业中心和作业成本库

三、简答题

1. 简述物流成本核算特点。
2. 简述物流成本核算原则。
3. 简述物流成本核算使用双轨制会计方法的优劣势。
4. 简述作业成本法的基本原理。
5. 物流作业成本法的计算步骤有哪些?

项目三　物流成本预测与决策

【知识目标】

1. 明确物流成本预测的概念；
2. 掌握物流成本预测的基本方法；
3. 明确物流成本决策的概念；
4. 掌握物流成本决策的几种主要方法。

【技能目标】

1. 运用预测方法进行物流成本预测；
2. 具备物流成本决策的基本技能。

【案例导入】

英国知名航运咨询机构 Drewry 在其最新的《2015—2016 年船舶经营成本年度预测》报告中提到，虽然 2015 年商船经营成本比往年略微下降，但在未来两年，商船经营成本或面临提高。该报告表示，2015 年，船舶经营成本平均降低 1%，对于润滑油消耗量大的船舶来说，整体成本下降近 2%。Drewry 认为，低迷的海运费率迫使船东一分钱掰成两瓣花。当然，今年大宗商品价格和保险费率的下滑也给了航运公司一线喘息。

Drewry 在报告中指，未来可供削减的成本范围非常少，船舶的经营成本恐或提高。然而，在 2016—2017 年，成本增长可能是非常温和的。润滑油、大宗商品可能会有小幅上涨，但伴随全球经济相对疲软，通胀预期仍将保持低位。

国际运输工人联盟(International Transport Workers Federation，简称为 ITF)已经确定未来两年的工资标准，预计航运领域员工工资将小幅上涨。此外，船舶价值的增高会提升船壳险费率，但增长也只是小幅的。

以往数年，伴随全球经济增长缓慢、许多船东维修维护船舶的费用也有所降低，如果市场回升，情况会相对好转。因此，有预测认为船舶维护费用的增长速度会超过通货膨胀。

结合案例资料，分析如何有效进行物流成本预测？

任务一　物流成本预测

一、物流成本预测概述

(一)物流成本预测相关概念

1. 预测的概念

预测就是根据历史推测未来。确切地说,预测是在对历史资料进行整理和分析的基础上,采用一定的手段对不确定事件或未知事件进行估计或表述,是探索未来的活动。预测是人类自古就有的活动。据《史记》记载,我国春秋战国时期,就有根据市场上商品供求情况的变化来预测商品价格变化的思想,如"贵上极则反贱,贱下极则反贵"。西方的星象术也是占卜者根据所拥有的材料对未来进行估计或描述。这些预测活动通常都是经验的总结。用现在的术语来讲,这些属于定性预测的范畴,这还不能说形成为一门科学,只能说具有了预测的思想。

一般认为,当代预测技术起源于20世纪初。随着资本主义经济危机的日益加剧,垄断资本迫切需要了解有关方面未来的前景以便进行垄断经济经营活动。到了20世纪20年代,随着综合指数法、趋势外推法等方法的纷纷出现并应用于经济活动中,经济预测开始受到重视。

20世纪40年代以后,预测技术在欧美得到了广泛传播。据统计,20世纪60年代以来欧美各国建立了大量的预测咨询机构,到了20世纪70年代,世界各国已有2 500多家专业咨询机构从事与预测有关的咨询工作。在中国,20世纪50年代就已经开展了预测的研究与运用,但由于历史的原因,直到改革开放以后,预测的研究和运用才真正得到了重视和发展。

当代的预测技术一方面继续重视定性预测,另一方面则非常重视定量的预测技术。定量预测技术是运用科学的、数学的判断方法,对事物未来可能演变的情况做出数量上的推断的一种技术。做出一个准确的预测需要两方面的知识,一是被预测对象本身所处学科领域的知识;二是预测方法本身的理论,主要是数学方面的有关理论。

2. 成本预测概念

成本预测是指运用一定的科学方法,对未来成本水平及其变化趋势作出科学的估计。通过成本预测,掌握未来的成本水平及其变动趋势,有助于减少决策的盲目性,使经营管理者易于选择最优方案,做出正确决策。

由于成本预测面向未来,因此成本预测具有三个特点:预测过程的科学性,预测结果的近似性,预测结论的可修正性。这就要求企业在成本预测中决不能主观臆断。

所谓物流成本预测,是指依据物流成本与各种技术经济因素的依存关系、发展前景及采取的各种措施,并利用一定的科学方法,对未来期间物流成本水平及其变化趋势作出科学的推测和估计。

3. 物流成本预测的概念

物流成本预测是物流成本决策、物流成本预算和物流成本控制的基础。物流成本预测可以提高物流成本管理的科学性和预见性。在物流成本管理的多个环节,都存在成本预测的问题,如运输成本预测、仓储成本预测、装卸搬运成本预测、配送成本预测等。

物流成本预测能使企业对未来的物流成本水平及其变化趋势做到"心中有数",并能与物流成本分析一起为企业的物流成本决策提供科学的依据,减少物流成本决策中的主观性和盲目性。

(二)物流成本预测的分类

1. 按预测的期限分类

按预测的期限分类,物流成本预测可以分为长期预测和短期预测。

2. 按预测的内容分类

按预测内容分类,物流成本预测可以分为制订计划或方案阶段的物流成本预测、在计划实施阶段的物流成本预测。

3. 按物流不同功能环节分类

按物流不同功能环节分类,物流成本预测可以分为运输成本预测、仓储成本预测、装卸搬运成本预测、流通加工成本预测、包装成本预测、配送成本预测等。

二、物流成本预测的程序

为保证物流成本预测结果的客观性,企业在进行物流成本预测时,应遵循以下七项程序。

1. 确定预测目标

进行物流成本预测时,首先要有一个明确的目标。如果没有明确的预测目标,预测工作将会带有很大的盲目性。只有预测目标明确,预测工作才能抓住重点、有的放矢,提高预测工作的效率。物流成本预测的目标又取决于企业对未来的生产经营活动所欲达成的总目标。在确定物流成本预测目标后,便可明确物流成本预测的具体内容。

2. 收集和审核相关历史资料

资料是预测的依据,有了充分的资料,才能为市场预测提供可靠的数据。物流成本指标是一项综合性指标,涉及企业的生产技术、生产组织和经营管理等各方面。在进行物流成本预测前,要尽可能地占有相关资料,并应注意去粗取精、去伪存真。

3. 选择预测方法

预测的方法有很多,但并不是每个预测方法都适合所有被预测的问题。预测方法选用是否得当,将直接影响预测的精确性和准确性。

4. 建立预测模型

在进行预测时,必须对已收集到的相关资料,运用一定的数学方法进行科学地加工处理,建立科学地预测模型,借以揭示有关变量之间的规律性联系。数学模型一般带有参数,需要针对建立的数学模型进行相应参数的估计,最终识别和确认所选用的具体数学模型。

5. 做出预测结论

做出预测结论是预测过程的关键阶段。做出预测结论是在选择预测方法或建立预测模型的基础上,对物流成本未来趋势做出最终预测结论。

6. 评价与修正预测值

评价与修正预测值,是指以历史资料为基础建立的预测模型可能与未来的实际状况有一定的偏差,且数量方法本身就有一定的假设性,因此,必须采用一些科学方法对预测的结果进行综合的分析判断,对存在的偏差,及时予以修正。

7. 编写预测报告

编写预测报告报告的内容一般包括资料的搜集与处理过程、预测方法的选择、预测模型的建立、对预测模型的检验、得出的预测结果、对预测结果的评价、修正的原因与方法、修正预测结果,以及其他需要说明的问题等。

三、物流成本预测方法

物流成本预测的方法很多,它随预测对象和预测期限的不同而各有所异。总体来看,基本方法包括定性预测方法和定量预测方法两大类。定性预测方法和定量预测方法并非相互排斥,而是相互补充,在实际应用中可结合使用。在进行物流成本预测时,可在定量分析的基础上,考虑定性预测的结果,综合确定预测值,从而使最终结果更加接近实际值。

定性预测方法是预测者根据掌握的专业知识和丰富的实际经验,运用逻辑思维方法对未来成本进行预计推断的各种方法的统称。定性预测方法是利用现有资料,依靠预测者的素质和分析能力进行的直观判断,也称为直观判断法。定性预测方法包括德尔菲法、一般预测法、市场调研法、头脑风暴法和历史类比法等,这种方法简单易行,预测的速度较定量分析要快捷,常常在企业缺少完备准确的历史资料,或难于进行定量分析的情况下采用。

定量预测方法是根据历史资料以及成本与影响因素之间的数量关系,通过建立数学模型来预计推断未来成本的各种预测方法的统称。

物流成本预测定量预测常用的方法有以下四种。

1. 算术平均法

算术平均法有简单算术平均法与加权算术平均法之分。加权算术平均法是用各种权数算得的平均数作为加权算术平均数,它可以自然数作权数,也可以数据出现的次数作权数或根据实际情况确定权数,所求平均数值即为测定值。简单算术平均法可看做加权算术平均法的特例,即各期权数都为1。

算术平均法的计算公式:

$$预测期成本 = (\Sigma 历史各期成本 \times 该期权数)/各期权数之和$$

2. 加权移动平均法

加权移动平均法就是根据同一个移动段内不同时间的数据对预测值的影响程度,分别给予不同的权数,然后再进行平均移动以预测未来值。

加权移动平均法不像简单移动平均法那样,在计算平均值时对移动期内的数据同等看待,而是根据愈是近期数据对预测值影响愈大这一特点,不同地对待移动期内的各个数据。对近期数据给予较大的权数,对较远的数据给予较小的权数,这样来弥补简单移动平均法的不足。

加权移动平均法的计算公式:

$$Y_{n+1}=\frac{\sum_{i=1}^{n}Y_{i}\times X_{i}}{\sum_{i=1}^{n}X_{i}}$$

式中，Y_{n+1}——第 $n+1$ 期加权平均值；

Y_i——第 i 期实际值；

X_i——第 i 期的权数（权数的和等于1）；

n——期数。

3. 指数平滑法

指数平滑法由美国经济学家布朗于 1959 年在《库存管理的统计预测》一书中首先提出的。指数平滑法是以一个指标本身过去变化的趋势作为预测未来的依据的一种方法。对未来预测时，考虑到近期资料的影响应比远期为大，因而对不同时期的资料不同的权数来说，越是近期资料权数越大，反之权数越小。

设以 F_n 表示下期预测值，F_{n-1} 表示本期预测值，D_{n-1} 表示本期实际值，a 为平滑系数（其取值范围为 $0<a<1$），则 F_n 的计算公式：

$$F_n=F_{n-1}+a(D_{n-1}-F_{n-1})=aD_{n-1}+(1-a)F_{n-1}$$

即　预测期成本＝平滑系数×上期实际成本＋(1－平滑系数)×上期预测成本

4. 一元线性回归预测法

回归分析法是通过对观察值的统计分析来确定它们之间的联系形式的一种有效的预测方法。从量的方面来说，事物变化的因果关系可以用一组变量来描述，因为因果关系可以表述为变量之间的依存关系，即自变量与因变量的关系。运用变量之间这种客观存在着的因果关系，可以使人们对未来状况的预测达到更加准确的程度。

根据 x、y 现有数据，寻求合理的 a、b 回归系数，得出一条变动直线，并使线上各点与实际资料上的对应点之间的距离最小。

直线方程式：

$$y=a+bx$$

回归系数 a 和 b 通常以最小二乘法计算得

$$b=\frac{n\sum x_i y_i-\sum y_i\sum x_i}{n\sum x_i^2-\sum x_i\sum x_i}$$

$$a=\frac{\sum y_i-b\sum x_i}{n}$$

任务二　物流成本决策

一、物流成本决策含义

物流成本决策是指针对物流成本，在调查研究的基础上确定行动的目标，拟定多个可行方案，然后运用统一的标准，选定适合本企业的最佳方案的全过程。

决策是行动的基础,正确的行动来自于正确的决策。在物流活动中,决策贯穿于物流管理工作的全过程。正确的决策必须建立在认识和了解企业内部条件和外部环境的基础上,必须按照决策的程序和步骤进行操作,再要运用适当的技术和方法,做出正确的决策。

二、物流成本决策的分类

根据决策学理论,物流成本决策可以归纳为以下四种类型。

1. 战略决策和战术决策

战略决策是指关系到全局性、方向性和根本性的决策,其产生的影响深远,在较长时间内会对企业的物流成本产生影响。例如,企业运输、配送路线的规划、仓库、配送中心的选址,仓库采取租赁或自建等问题,都属于战略决策。战术决策是为了保证战略决策的实施,对一些带有局部性、暂时性、或者其他执行性质的问题所做出的决策。如运输决策、库存决策,就属于战术决策。

2. 规范性决策和非规范性决策

规范性决策是指在管理工作中,经常遇到的一些重复性的问题,这些问题凭借现有的规章制度就可以解决。例如,物流成本的预算与控制决策就是属于规范性决策。非规范性决策是指偶然发生的或初次发生的非例行活动所做出的决策,这类决策往往依赖于决策者的经验和判断能力。

3. 单目标决策和多目标决策

决策目标仅有一个时,就称单目标决策;决策目标不止一个时,就称为多目标决策。

4. 确定性决策、风险性决策和不确定性决策

确定性决策方法的特点是只有一种选择,决策没有风险,只要满足数学模型的前提条件,数学模型就会给出特定的结果。例如,企业常用到的量本利分析就属于确定性物流成本决策。风险性决策是指决策所遇到的未来事件的各种自然状态的发生具有不确定性,但可以测出各种自然状态出现的概率的决策。风险性决策方法可以采用期望值决策法和决策树法。不确定性决策是指在对决策问题的未来不能确定的情况下,通过对决策问题的变化的各种因素分析,估计有几种可能发生的自然状态,计算其损益值,按一定的原则进行选择的方法。

三、物流成本决策的意义

伴随着市场经济的不断发展,物流成本决策对于企业的生存和发展起着越来越重要的作用。

1. 物流成本决策时企业管理体制改革的客观要求

企业自主经营、自负盈亏的性质决定了企业必须对经营结果负责,对企业自身与广大员工负责。在物流过程中势必要做出正确地决策,没有这一点,且不说发展,就连生存问题也会受到影响。

2. 物流成本决策是提高企业经济效益的迫切需要

企业为了增强自身的竞争能力和适应能力,必须不断研究改进物流过程和降低物流成本的方法,不断提高经济效益,并从中求得发展。严格地讲,这一切有赖于科学的物流成本决策。

3. 物流成本决策是企业内外部环境条件变化的必然结果

一方面,随着生产的社会性愈加强烈,企业外部环境条件处于急剧的变化之中,为了适应

这种形势,必须从节约资金耗费的角度来规划企业的活动;另一方面,高技术、大规模的生产越来越明显,生产投资额不断升高,耗费也日益增长。因此,企业应对自身的物流活动进行合理控制,而这又要依赖于物流成本决策。

4. 物流成本决策时现代化成本管理的重要特征

近年来,科学管理的进步已对成本管理产生了重大影响,人们已经认识到,单一的计划管理和行政手段远不能满足现代生产经营管理的需要。应用新理论、采取新方法、更新传统的成本管理方式也就顺理成章。在现阶段,这种更新最具必要性,且有可能的莫过于实施物流成本决策了,这也是现代化成本管理的重要标志。

四、物流成本决策的特征

1. 目标性

物流成本决策是为了通过解决企业所面临的物流成本问题,从而达到控制和降低物流成本的目的。

2. 超前性

物流成本决策的目的就是为了对物流成本进行事前控制,防止物流资源浪费现象的发生,因而具有超前性。

3. 选择性

在对物流成本问题进行分析、预测的基础上,提供两个或两个以上的可选方案,供决策者在众多方案中选出一个最佳方案。

4. 可行性

方案的制定必须符合企业的实际情况。即使方案制定地再好,企业不具备实施方法的条件,方案没有办法实施,也达不到解决问题的目的。因此,企业要求提供的决策方案必须具有可行性,不具可行性不得作为备选方案。

5. 科学性

物流成本决策就是对决策方案的分析、判断过程,而分析判断是以科学的理论和方法来指导进行的。

6. 程序性

要明确决策的目的及对象,在分析资料的基础上提出备选方案,运用一定的决策方法进行方案分析,选出最佳方案。

五、物流成本决策的方法

根据决策条件不同下形成的确定性决策、风险性决策和不确定性决策,所采取的方法也不同。具体来说,物流成本决策可分为三种方法。

1. 确定性决策方法

量本利分析法又称盈亏平衡分析法,是针对确定性决策的一种求解方法。确定性决策方法就是研究决策方案的销量,生产成本与利润之间的函数关系的一种数量分析方法,是从目标利润或目标成本出发,来确定合理的物流业务量或业务规模的方法。

首先,要清楚地认识经营总费用与企业销售收入及利润之间的关系:

$$销售收入 = 经营总费用 + 利润$$

式中,
$$经营总费用 = 固定成本 + 变动成本$$

所以,比较销售收入与成本费用:当销售收入＞经营总费用＋利润时,企业处于盈利状态;当销售收入＜经营总费用＋利润时,企业处于亏损状态;当销售收入＝经营总费用＋利润时,企业处于盈亏平衡状态。

量本利分析方往往利用计算公式或量本利图来完成。

(1)量本利计算公式。量本利计算公式又称代数法,是利用公式来确定保本数量的方法。设 Q_0 为保本数量,P 为价格,F 为固定成本,C_V 为可变成本。

$$销售收入 = 经营总费用 + 利润$$
$$Q_0 P = F + Q_0 C_V$$

故
$$Q_0 = F/(P - C_V)$$

(2)量本利图分析法。将成本、销量和利润的关系反映在直角坐标系中,即量本利图,因其能清晰地显示企业不盈利也不亏损时应达到的产销量,故又称盈亏临界图或损益平衡图。用图示表达量本利的相互关系,不仅形象直观、一目了然,而且容易理解(见图3-1)。

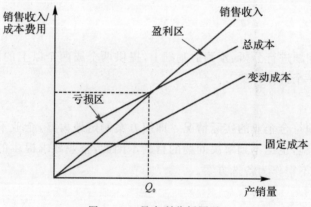

图 3-1 量本利分析图示

技能训练 3-1:

某辆货车从甲地到乙地运输货物,每次运输活动的固定成本 1000 元(包括燃油支出、过路费用等),运输标准包装商品时,每件收费 10 元,单位变动成本 6 元,盈亏平衡时的运输量为多少? 本次运输计划为 500 件,问预期利润是多少?

解:盈亏平衡时运输量
$$Q_0 = F/(P - C_V) = 1000/(10 - 6) = 250 \text{ 件}$$

运量为 500 件时,预期利润 R
$$R = PQ - (F + C_V Q) = 10 \times 500 - (1000 + 6 \times 500) = 1000 \text{ 元}$$

2.风险型决策方法

风险型决策方法常见的有两种,即期望值法和决策树法。

(1)期望值法。所谓期望值法就是用概率加权计算的平均值。应用期望值法决策的结果并不能代表某事件的实际结果。

技能训练 3-2：

某配送中心要按照配送数额来采购某种消暑产品，每件成本为 50 元，配送给零售店的价格为 100 元，配送后每箱毛利为 50 元，由于保管成本高昂，若当天滞销，剩余产品将以每箱 20 元的价格处理。今年的市场需求情况与去年基本相同。去年夏季日销量的统计资料如表所示（见表 3-1），试决策今年夏季每日采购多少箱时，配送中心获利最大？

表 3-1 夏季日销量的统计资料

日销量/箱	完成日销量的天数/天
100	18
110	36
120	27
130	9
总计	90

解： 根据有关数据编制决策收益表见表 3-2。

表 3-2 夏季日销量

订货量	日销售量/箱				期望利润/元
	100	110	120	130	
	0.2	0.4	0.3	0.1	
100	5 000	5 000	5 000	5 000	5 000
110	4 700	5 500	5 500	5 500	5 340
120	4 400	5 200	6 000	6 000	5 360
130	4 100	4 900	5 700	6 500	5 140

比较表中各方案期望利润，当订货量为 120 箱时，期望利润最大，为 5 360 元，故最佳方案为采购 120 箱。

（2）决策树法。决策树就是将决策过程各个阶段之间的结构绘制成一张树状图（见图 3-2）。

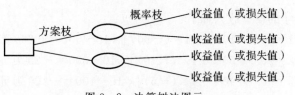

决策树法

图 3-2 决策树法图示

决策树一般是自上而下生成的。每个决策或事件都可能引出两个或多个事件，导致不同的结果，把这种决策分支画成图形很像一棵树的枝干，故称决策树。

决策树由决策点、机会（状态）结点与结点间的分枝连线组成。通常人们用方框表示决策结点,用圆圈表示机会结点,从决策结点引出的分枝连线成为方案枝,表示决策者可做出的选择,从机会结点引出的分枝连线成为概率枝,表示机会结点所示事件发生的概率。

决策树法的解题步骤有四点。

(1)根据实际情况从左向右画出决策树。

(2)从右向左进行计算,计算每一阶段事件发生的期望值。需特别注意的是,如果决策树所处理问题的计划期较长,计算时应考虑资金的时间价值。

(3)计算完毕后,开始对决策树进行剪枝,在每个决策点删去除了最高期望值以外的其他所有分枝。

(4)确定最优方案,剪枝完毕,未被剪枝的方案,就是最佳方案。

技能训练 3-3:

某物流企业打算在 A 市建立一个配送中心,有以下方案可供选择:第一,建大规模配送中心,投资 500 万元,市场好,则每年收益 100 万元,市场不好则亏损 90 万元;第二,建中规模配送中心,投资 300 万元,市场好,则每年收益 60 万,市场不好则亏损 10 万元;第三,建小规模配送中心,投资 100 万元,市场好,则每年收益 40 万元,市场不好则亏损 5 万元;第四,不建配送中心。配送中心使用期 10 年。据对以往数据的分析,市场前景好的概率是 0.6,市场前景不好的概率是 0.4。请用决策树方法进行分析。

解:

(1)根据有关情况绘制决策树如图 3-3 所示。

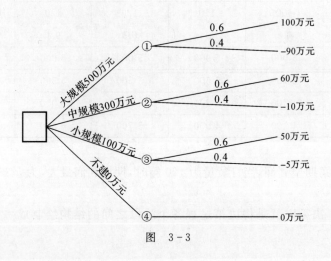

图 3-3

(2)四种方案 10 年的期望收入如下:

建大配送中心 $E_1 = [0.6 \times 100 + 0.4 \times (-90)] \times 10 - 500 = -260$ 万元

建中配送中心 $E_2 = [0.6 \times 60 + 0.4 \times (-10)] \times 10 - 300 = -20$ 万元

建小配送中心 $E_3 = [0.6 \times 40 + 0.4 \times (-5)] \times 10 - 100 = -120$ 万元

不建配送中心 $E_4 = 0$

(3)计算完毕,开始对决策树进行剪枝。

剪去第①、②、④方案枝,最优方案为第③方案枝,即建小规模配送中心。

3. 不确定型决策方法

不确定型决策方法是指决策人无法确定未来各种自然状态发生的概率的决策。

不确定型决策的主要方法有等可能法、乐观法、悲观法和最小最大后悔值法。

(1)等可能法。等可能法是假定自然状态中任何一种情况发生的可能性是相同的,通过比较每个方案的损益的平均值来选择方案。

(2)乐观法。乐观法是决策者不知道各种自然状态中任一种情况发生的概率,决策的目的是选最好的自然状态下确保获得最大可能性的利润。乐观法在决策中的应用主要是,首先确定每一种可选方案的最大利润值,然后在这些最大利润中选出一个最大值,与该最大值相对应的那个可选方案便是决策选择的方案。

(3)悲观法。悲观法是决策者不知道各种自然状态中任一种情况发生的概率,决策的目的是避免最坏的结果,力求风险最小。运用悲观法决策时,首先要确定每一种可选方案的最小收益值,然后从这些最小收益值中,选出最大值,与该最大值相对应的方案就是决策所选择的方案。

(4)最小最大后悔值法。最小最大后悔值法是决策者不知道各种自然状态中任一种情况发生的概率,决策的目的是确保避免较大的机会损失。运用最小最大后悔值法时,首先要将决策矩阵从利润矩阵转变为机会损失矩阵,其次确定每一可选方案的最大机会损失,最后在这些方案的最大机会损失中,选出一个最小值,与该最小值对应的可选方案便是决策选择的方案。

技能训练 3-4

某物流企业拟进行采购活动,有三种新产品待选,估计销路和损益情况见表 3-3,请分别用等可能法、乐观法、悲观法和最小最大后悔值法四种方法选择最优方案。

表 3-3 销路和损益情况

状 态	损益/万元		
	甲产品	乙产品	丙产品
销路好	40	90	30
销路一般	20	40	20
销路差	-10	-50	-4

解:

(1)等可能法:

甲:　　　　　　　　　(40+20-10)/3=16.6

乙:　　　　　　　　　(90+40-50)/3=26.6

丙:　　　　　　　　　(30+20-4)/3=15.3

故生产乙产品方案最优。

(2)乐观法:从 40、90、30 中取最大值,故生产乙产品方案最优。

(3)悲观法:从-10、-50、-4 看损失最小的方案,故生产丙产品方案最优。

(4)最下最大后悔值法:先计算后悔值(每种方案最大的机会损失)见表 3-4。

表 3-4 最大机会损失情况

状 态	最大机会损失/万元		
	甲产品	乙产品	丙产品
销路好	50	0	60
销路一般	20	0	20
销路差	6	46	0

甲产品最大机会损失是 50 万元，乙产品最大机会损失是 46 万元，丙产品的最大机会损失是 60 万元，比较之下，乙产品是最好方案。

项 目 小 结

物流成本预测是物流成本决策物流、成本预算和物流成本控制的基础，可以提高物流成本管理的科学性和预见性。物流成本预测的方法有很多，随预测对象和预测期限的不同而各有不同。但总体来看基本方法包括定性预测方法和定量预测方法。物流成本决策是在物流成本调查分析与物流成本预测的基础上，确定行动的目标，拟定多套可行的方案，并从中选择最满意方案的过程。物流成本决策可以分为战略决策和战术决策、规范性决策和非关规范性决策、单目标决策和多目标决策、确定性决策、风险性决策和不确定性决策。常用的物流成本决策的方法有量本利分析法、期望值决策法、决策树法、乐观法、悲观法、最小后悔值法等。

【技能训练】

某物流公司下属配送中心根据合同运送某物资。由于道路条件差，运价较低，用小型运输工具无论好坏都将发生亏损，如用大型运输工具，当天气好时可保持盈亏平衡，当天气坏时将发生亏损，且亏损额度较高。通过向气象部门了解，未来天气好坏出现的概率可以估算出来：天气好的概率为 0.6，天气差的概率为 0.4。现要求企业做出决策使得亏损最小见表 3-5。

表 3-5 使用不同运输工具的亏损情况

方 案	天气好	天气坏
使用小型车辆	−5	−10
使用大型车辆	0	−25

【同步测试】

一、单选题

1. 物流成本预测，是指依据物流成本与各种技术经济因素的依存关系、发展前景及采取的各种措施，并利用一定的科学方法，对未来期间（　　）水平及其变化趋势作出科学的推测和估计。

A. 物流成本　　　　　　　　　　　B. 物流利润率

C. 物流流量　　　　　　　　　　D. 物流效率

2. ( )方法是预测者根据掌握的专业知识和丰富的实际经验,运用逻辑思维方法对未来成本进行预计推断的各种方法的统称。

A. 定量预测　　　　　　　　　　B. 定性预测
C. 主观预测　　　　　　　　　　D. 混合预测

3. 依据在企业中的地位,决策可分为( )。

A. 单目标决策和多目标决策　　　B. 规范性决策和非规范性决策
C. 战略决策和战术决策　　　　　D. 确定性决策和不确定性决策

4. 根据决策问题所处的条件,决策可分为( )。

A. 单目标决策和多目标决策　　　B. 规范性决策和非规范性决策
C. 战略决策和战术决策　　　　　D. 确定性决策和不确定性决策

5. 量本利分析法是适用于( )决策。

A. 战略决策　　　　　　　　　　B. 风险型决策
C. 确定性决策　　　　　　　　　D. 不确定性决策

二、多选题

1. 下列属于定性预测方法的有( )。

A. 头脑风暴法　　　　　　　　　B. 德尔菲法
C. 历史类比法　　　　　　　　　D. 市场调研法

2. 下列属于定量预测方法的有( )。

A. 算术平均法　　　　　　　　　B. 一般预测法
C. 指数平滑法　　　　　　　　　D. 线性回归法

3. 风险型决策中常用的决策方法有( )。

A. 量本利分析法　　　　　　　　B. 期望值法
C. 决策树法　　　　　　　　　　D. 最小后悔值法

4. 以下各项属于物流成本决策的特征的是( )。

A. 科学性　　　　　　　　　　　B. 程序性
C. 选择性　　　　　　　　　　　D. 超前性

5. 不确定性决策中常用的方法有( )。

A. 乐观法　　　　　　　　　　　B. 悲观法
C. 等可能法　　　　　　　　　　D. 最小后悔值法

三、简答题

1. 什么是物流成本预测?物流成预测有哪些种类?
2. 简述物流成本预测的程序。
3. 比较定量预测和定性预测的优缺点。
4. 简述物流成本决策分类。
5. 如何理解风险型决策?

项目四　物流成本预算与控制

【知识目标】

1. 了解物流成本预算的含义及其编制内容；
2. 掌握物流成本预算的方法；
3. 了解物流成本控制的含义、分类和原则；
4. 掌握物流成本控制的基本方法。

【技能目标】

1. 能够运用弹性预算编制物流成本预测；
2. 能对企业的物流成本进行必要的分析和控制。

【案例导入】

在沃尔玛超市里，"天天低价"是最醒目的标签，但这只是沃尔玛的表象。虽然，薄利多销是沃尔玛恒久的原则，就像沃尔玛的创始人山姆·沃尔顿的名言："一件商品成本0.8元，如果标价1元，可是销量却是标价的1.2元时的3倍。我在一件商品上虽然赚得不多，但卖多了，我就有利可图"。但是，沃尔玛从来都以合理的利润率决定价格，而非刻意低价。中国国内某些企业也一度把"低价策略"视为至宝，却成了价格战的牺牲品。沃尔玛"天天低价"的背后有一套完整的物流管理体系，因为它的物流成本永远控制在最低，所以才能保持"天天低价"。通过高效的供应链管理体系，来降低物流成本和保持最大的销售量，这是沃尔玛保持高效的存货周转的核心竞争力。

任务一　物流成本预算

一、物流成本预算含义

物流成本预算是指一定时期的物流成本计划。物流成本预算是管理者依据对日常物流核算信息的分析，充分挖掘降低物流成本的潜力，并由此推算出企业为实现预期目标所需的合理物流费用，是企业预先确定的物流管理目标。

物流成本预算作为物流成本控制常用的一种手段，已在企业中得到广泛的应用。物流成本预算是指所有以货币形式及其他数量形式反映的有关企业未来一定时期内全部物流活动的行动计划与相应措施的数量说明,包括预算编制和预算控制两项职能。

物流成本预算控制方法通常包括固定预算法、弹性预算法、零基预算法和滚动预算法。在企业实际工作中,预算控制法因可操作性强,应用灵活,往往与企业财务预算控制相结合,在物流企业不具备目标成本、标准成本制定条件的情况下,大都采用预算成本控制法。预算成本控制不仅用于期间费用和间接费用的控制,还常用于直接人工和直接材料的成本控制。

物流成本预算作为计划实施与控制的中间环节,它的作用表现在:使物流成本计划进一步具体、明确,通过设定目标和相关责任,将现状与设定目标进行对比分析,以此来协调企业的物流活动,同时它还是控制日常物流活动的标准,也是考核物流业绩的依据。因此,企业在开展物流活动时就必须做好物流成本预算。

二、物流成本预算体系

物流成本的预算应根据物流系统成本控制与绩效考核的需要,分解到各个部门、各种物流功能、各物流成本项目等,并在日常的成本核算过程中分别实施对这些形式的物流成本核算,以便比较物流成本预算与实际物流成本发生额之间的差异,以达到预算管理的目的。物流成本可按各种不同的划分标准进行分类核算。与此相适应,物流成本预算也可以按照各种不同的标准进行编制。

1. 按物流流程进行编制

企业物流流程成本包括供应物流成本、企业内物流成本、销售物流成本、回收物流成本、废弃物流成本等。

这种预算规划出计划期内各种物流领域中的物流成本支出数目,从而作为各领域的物流运营者降低物流成本的目标。在这种物流成本预算中,应注意确定预计增减比率单项物流成本预算,并应对其进行细化。

2. 按物流功能编制物流成本预算

物流功能成本包括物品流通成本、物流信息流通成本和物流管理成本三项内容。

(1)物品流通成本是指为完成商品物理性流通而发生的费用,包括包装成本、运输成本、配送成本、仓储成本、流通加工成本、装卸搬运成本等。

(2)物流信息流通成本是指因处理、传输有关的物流信息而产生的费用,包括与储存管理、订货处理、顾客服务有关的费用。

(3)物流管理成本是指进行物流计算、调整和控制所需的费用,不仅包括作业现场的管理费,还包括企业物流管理部门的管理费。

3. 按支付形态编制物流成本预算

物流成本按支付形式可分为材料费、人工费、公益费、维护费、一般经费、委托物流费和向其他企业支付的物流费等。其中,各项费用包含的具体内容如下。

(1)材料费。材料费包括物资材料费、燃料费、消耗性工具、低值易耗品摊销,以及其他物料消耗等费用。

(2)人工费。人工费包括工资、奖金、福利、医药、劳动保护,以及职工教育培训费等费用。

(3)公益费。公益费包括给公益事业单位所提供的公益服务支付的费用,如水费、电费、燃气费、煤气费、冬季取暖费和绿化费等费用。

(4)维护费。维护费包括土地、建筑物、机械设备、车辆、船舶、搬运工具、工具器具备件等固定资产使用、运转和维修保养所产生的费用,如维修保养费、折旧费、房产税、土地车船使用费、租赁费和保险费等费用。

(5)一般经费。一般经费包括差旅费、交通费、会议费、书报资料费、文具费、邮电费和零星材料购入费等费用。

(6)特别费用。特别费用企业内利息等。

(7)委托物流费。委托物流费指物流业务委托给物流业者时向企业外支付的费用。

(8)向其他企业支付的物流费。此项费用指如商品购进时采用送货制时包含在购买价格中的运费和商品销售采用提货制时因顾客自己取货而扣除的运费等虽未进行物流活动却产生的物流费用。

三、物流成本预算方法

物流成本预算即使计划的过程,也是制定控制标准的过程。物流成本预算的执行过程就是根据预算对物流活动过程进行控制的过程。在编制物流成本预算时,要针对不同企业特点使用恰当的编制方法和技巧,这是物流成本预算控制成功的重要因素之一。

(一)物流成本弹性预算

1. 弹性预算的含义及特征

弹性预算,也称变动预算或滑动预算,是相对于固定预算而言的一种预算。在编织成本预算时,预先估计到计划期内业务量可能发生的变化,编制出能分别适应各种业务量的成本预算,而这种预算随着业务量的变化而变化,本身具有弹性,因此叫做弹性预算。

与固定预算相比,弹性预算具有以下两个特征。

(1)弹性预算时按一系列业务量水平编制的,从而扩大了预算的适用范围。

(2 弹性预算时按成本的不同性态分类表示的,便于在计划期终了时计算实际业务量的预算成本,使得预算执行情况的评价与考核在更加现实和可比的基础上实现。

2. 弹性预算的原理

按照物流成本习性,在编制弹性预算时,首先将预算中的全部成本费用分为变动费用和固定费用两个部分。固定费用在相关范围内,其总额不随业务量的增减而变动,因此在按照实际业务量对预算进行调整时,只需调整变动成本即可。

设固定预算中的费用预算总额:

$$Y = a + bX$$

式中,a—— 固定费用总额;

b—— 单位生产变动成本;

X—— 计划业务量。

3. 弹性预算的编制步骤

(1)选取和确定业务量计算单位。

(2)确定业务量变动范围。在确定业务量变动范围时,应满足业务量变动的实际需要,具体有以下三种方法。

1)把业务量范围确定在正常业务量的 60% ~ 120%。

2) 把历史上的最低业务量和最高业务量分别作为业务量范围的上限和下限。

3) 对企业预算期的业务量作出悲观和乐观预测,分别作为业务量范围的上限和下限。

(3) 选择弹性预算的表达方式。选择弹性预算的表达方式时,主要有列表法和公式法。

1) 列表法,先确定业务量变化范围,划分出若干个业务量水平,再分别计算出各项物流成本项目的预算成本,汇总列入预算表格。

2) 公式法,将所有物流成本项目分解为固定成本和变动成本,确定预算成本计算公式:

$$Y = a + bX$$

式中,a——固定成本之和;

b——变动成本的变动率;

X——业务量。

例 4-1 某仓储型物流公司揽货部门在正常情况下,全年仓储出租率预计为 5 万平方米。要求在其 70%~120%之间按间隔 10%的出租量以及按表 4-1 各项成本费用标准编制其弹性预算。

表 4-1 成本费用标准表

成本项目	费用与出租量的关系
出租佣金	按出租每平方米支付 2 元津贴
包装费	按出租每平方米支付 1 元津贴
装卸费	基本工资 2 100 元,另按出租每平方米支付 1.5 元津贴
管理人员工资	基本工资 30 000 元,另按出租每平方米支付 0.1 元津贴
保险费	2 000 元
宣传费	30 000 元
办公费	40 000 元

解法一:列表法,该业务部门的揽货及管理费用弹性预算见表 4-2。

表 4-2 物流费用弹性预算表

成本项目	单位变动成本	35 000 m² (70%)	40 000 m² (80%)	45 000 m² (90%)	50 000 m² (100%)	55 000 m² (110%)	60 000 m² (120%)
变动成本/元		161 000	184 000	207 000	230 000	253 000	276 000
出租佣金/元	2	70 000	80 000	90 000	100 000	110 000	120 000
包装费/元	1	35 000	40 000	45 000	50 000	55 000	60 000
装卸费/元	1.5	52 500	60 000	67 500	75 000	82 500	90 000
管理人员工资/元	0.1	3 500	4 000	4 500	5 000	5 500	6 000
固定成本/元		104 100	104 100	104 100	104 100	104 100	104 100

续 表

成本项目	单位变动成本	35 000 m² (70%)	40 000 m² (80%)	45 000 m² (90%)	50 000 m² (100%)	55 000 m² (110%)	60 000 m² (120%)
装卸费/元		2 100	2 100	2 100	2 100	2 100	2 100
管理人员工资/元		30 000	30 000	30 000	30 000	30 000	30 000
保险费/元		2 000	2 000	2 000	2 000	2 000	2 000
宣传费/元		30 000	30 000	30 000	30 000	30 000	30 000
办公费/元		40 000	40 000	40 000	40 000	40 000	40 000
合计		265 100	288 100	311 100	334 100	357 100	380 100

解法二:公式法。

预算总额 = 固定成本总额 + 单位变动成本×计划销售量

$$Y = a + bX$$

由已知条件可知:固定成本 $a=104\,100$ 元

单位变动成本 $b=4.6$ 元/平方米

即 $Y = 104100 + 4.6X$

当公司出租量分别为 35 000 m²、40 000 m²、45 000 m²、50 000 m²、55 000 m²、60 000 m² 时,分别代入公式,得出公司的预算见表 4-3。

表 4-3 不同物流业务量的费用弹性预算表

业务量	35 000 m² (70%)	40 000 m² (80%)	45 000 m² (90%)	50 000 m² (100%)	55 000 m² (110%)	60 000 m² (120%)
总成本/元	265 100	288 100	311 100	334 100	357 100	380 100

(二)零基预算

1. 零基预算的含义及特点

零基预算是在 20 世纪 60 年代由美国人彼得·派尔提出的,并由美国德州仪器公司于 1970 年率先倡导实施的新型预算管理方法,是"以零为基础的编制预算和计划的方法",即零基预算。零基预算被认为是一种控制间接费用和期间费用极为有效的方法。1976 年,美国总统卡特将零基预算引入政府的预算管理,取得了较好的成效。目前,零基预算作为成本费用预算的一种编制方法,在中国越来越多地被运用于政府部门和以微利为主要特征的行业。

物流成本零基预算的编制方法首先是以零为基础,不考虑以往的费用开支情况,提出物流成本预算目标;然后进行成本效益分析,对每一个预算项目的收益与耗费进行比较,在权衡各个物流费用开支项目轻重缓急的基础上决定所有预算项目资金分配的先后顺序;最后根据确定的先后顺序将企业物流活动在预算期内可动用的资源,在有关项目之间进行分配。这样,既保证优先项目的资金需要,又使预算期内各项物流活动得以均衡协调,从而保证资源的有效利用。可见,零基预算法可以有效地节约经费开支,优化资金的使用效果。

2. 零基预算的特点

(1)零基预算以零为起点,根据成本发生对于预算单位目标实现的必要性,来确定成本预算。

(2)零基预算要求对一切业务活动,不论过去做过还是没有做过,都毫无例外地逐个进行成本—效益分析。

(3)零基预算首先从业务活动本身考虑问题,对每一项业务活动逐个分析之后,再确定其成本支出水平和收益率。

(4)零基预算对待所有业务,不论新旧,都可看成整体的组成部分,同等看待并统一安排,一律根据成本—效益分析来确定它们的重要程度,根据重要程度增加或削减开支。

3. 零基预算的编制步骤

(1)划分和确定基层预算单位。基层预算单位可以使物流运作的基层部门。

(2)编制本单位的费用预算方案。企业提出总体预算目标时,各基层预算单位根据总目标和自身的责任目标,从零出发,编制本单位费用预算方案,详细说明项目的目的、性质、作用,以及开支项目。

(3)进行成本—效益分析。基层预算单位按下达的"预算年度业务活动计划",确认业务项目及其费用开支,基层预算单位的业务项目一般分为三个层次:第一层次是必要项目;第二层次是需要项目,即有助于提高质量效益的项目;第三个层次是改善项目。管理层进行成本效益分析,判断各个项目费用的合理程度、先后顺序以及对本单位业务的影响。

(4)审核分配资金。依据项目的轻重缓急次序,分配资金,落实预算。

(5)编制并执行预算。资金分配方案确定后,制定零基预算正式稿,经批准后下达执行。

4. 零基预算的优缺点

(1)零基预算的优点,主要包括三点:①有利于管理层对整个企业的预算进行全面审核,避免内部各种随意性的费用支出。②有利于提高主管人员计划、预算、决策与控制的水平。③有利于提高资金的使用效果和合理性。

(2)零基预算的缺点,主要包括两点:①编制过程复杂,工作量较大,时间较长。②需要花费大量的人力、物力和时间,预算成本较高。

例 4-2 2015年底,某物流部门根据企业目标及自身所承担的经营任务,提出计划期(2016年)各项费用,见表4-4。企业下达可供物流部门使用的资金为730 000元,采用零基预算法编制2016年物流费用预算。

表4-4 物流部门计划期费用

费用项目	费用标准/元
人员工资及福利	200 000
设施设备折旧费	50 000
材料采购费	35 000
广告宣传费	350 000
仓库保管费	25 000
物流信息费	120 000

(1)根据有关历史资料,对各种费用进行"成本－效益分析"。物流部门人员工资及福利、设施设备折旧费属于约束性固定成本,是企业必不可少的开支项目;材料采购费和仓库保管费属于变动物流成本,与业务量有关,是完成计划规定的物流业务必不可少的开支。

广告宣传费和物流信息费要做进一步分析。根据以往的平均费用金额和相应的平均收益金额,可得出相关成本效益分析情况,参见表4-5。

表4-5 "广告宣传费和物流信息费"成本效益分析表

明细项目	平均费用/元	平均收益/元	成本效益比率/%
广告宣传费	20 000	400 000	5
物流信息费	40 000	400 000	10

(2)安排各项费用开支顺序。具体包括四点:①材料采购费和仓库保管费必须的开支项目,需全额保证,列为第一层次;②人员工资及福利、设施设备折旧费,列为第二层次;③广告宣传费成本收益水平高于物流信息费,列为第三层次;④物流信息费列为第四层次。

(3)分配资金,落实预算。物流部门可使用的资金为730 000元,分配结果见表4-6。

表4-6 预算费用分配表

费用项目	优先级	预算费用/元
材料采购费	第一层次	35 000
仓库保管费	第一层次	25 000
设施设备折旧费	第二层次	50 000
人员工资及其福利	第二层次	200 000
以上费用合计		310 000
广告宣传费	第三层次	420 000×2/3=280 000
物流信息费	第四层次	420 000×1/3=140 000

(三)滚动预算

通常情况下,物流成本预算的预算时间是一年,以便和会计年度相一致,对预算执行结果进行评估和分析。然而,这种固定年限的预算在实际工作中存在诸多缺陷。由于实际执行情况下每个月都会发生变化,固定年限的预算对今后每个月的情况只能做大致的预测,而预测与实际往往存在误差,造成执行上的困难。为解决上述问题,企业可以采取滚动预算(Rolling Budget)方法编制物流成本预算。滚动预算要求始终保持12个月的时间跨度,前几个月的预算做得详细完整一些,后几个月的可以笼统概括一些,每过一个月(或季度),就根据实际情况对后面预算做一些调整和修正,并在原有的预算期补充一个月(或季度)的预算,逐期向后滚动。

滚动预算符合企业持续经营的一般假设,预算具有连续性和完整性,有助于管理者通过动态预算过程对企业一段时期的物流经营活动做出详细和全面的安排。此外,滚动预算方法符合人们对事物的发展认识过程,允许人们对预算做出调整和修正,以适应客观情况的变化,提高了预算的科学性和有效性。

任务二 物流成本控制

一、物流成本控制内涵

物流成本管理的目的就是为了控制和降低成本。物流成本控制是指企业在物流活动中,对影响物流成本的各种因素,按照事先拟定的标准进行监督,及时发现差异、找出原因,并采取措施加以纠正,保证物流成本目标和成本预算任务的完成。

在现代企业管理中,物流成本控制具有十分重要的作用。物流成本控制可以降低物流成本,提高企业经济效益。物流成本控制不仅可应用在降低物流成本方面,还将延伸到企业总体战略乃至供应链战略的制定和实施方面。

现代企业的物流成本控制强调全员控制、全方位控制,以及全过程控制,强调效益观念,它不仅强调孤立地降低物流成本,还强调从成本和利润的比较中寻找效益的最大化。

二、物流成本控制的分类

物流成本控制有多种分类。通常按控制事件划分,物流成本控制可分为为事前控制、事中控制和事后控制三类,即成本控制过程中的设计阶段、执行阶段和考核阶段。一般所说的物流成本控制,仅指事中控制,即在物流活动中,从物流过程开始到结束对物流成本形成和偏离物流成本目标的差异所进行的日常控制。现代物流成本控制不仅要求企业注重事中控制,还要重视事前及事后的物流成本控制。

1. 物流成本事前控制

物流成本事前控制,是指经过物流成本预测和决策,确定目标成本,并将目标成本分解,结合责任制层层控制的过程。物流成本事前控制主要包括物流系统的设计,如配送中心、仓库的建设,物流设施设备的配备,物流信息系统的建设,作业流程的改进优化等内容。据估计,60%~80%的物流成本在物流系统的设计阶段就已经确定了,因此,物流成本事前控制是物流成本控制最重要的环节,直接影响到物流作业流程成本。

2. 物流成本事中控制

物流成本事中控制,即日常控制,通常采用标准成本法。物流成本事中控制是对物流过程中所发生的各项费用(如设备费用、人工费用、工具费用和其他费用支出等)按预定的成本费用标准,进行严格的审核和监督,计算实际费用和标准之间的差异,并进行分析,一旦发现偏差,采取措施加以纠正,并及时进行信息反馈。

3. 物流成本事后控制

物流成本事后控制是指在物流成本形成之后,对物流成本的核算、分析和考核,属于反馈控制。物流成本事后控制通过实际物流成本和标准的比较，确定差异，分析原因，确定责任者，对物流成本责任单位进行考核和奖惩。通过分析，物流成本事后控制可为企业今后的物流成本控制提供意见和措施，制定物流成本控制制度，从而降低物流成本。

三、物流成本控制的原则

1. 经济性原则

所谓经济性原则，指的是以较少的投入取得尽可能大的经济效果，也就是对人力、物力、财力的节省。强调效益观念，是物流成本控制的核心，也是物流成本控制的最基本原则。

2. 全面性原则

全面性原则，包括全员控制、全方位控制，以及全过程控制。全过程是指从供应链产品生产到售后服务的一切活动，包括供应商、制造商、分销商在内的各个环节；全方位是指从生产过程管理到后勤保障、质量控制、企业战略、员工培训、财务监督等企业内部各职能部门各方面的工作，以及企业竞争环节的评估、供应链管理、知识管理等；全员是指从高层经理人员到中层管理人员、基层服务人员、一线生产员工。此外，企业从选择开发项目种类、进行可行性研究起，就要注入物流成本理念，确立具有长期发展观的成本意识，实行全面的成本控制。

3. 责、权、利相结合的原则

要加强物流成本控制，就必须发挥经济责任制的作用，就必须坚持责、权、利相结合的原则，这就要求企业内部各部门、各单位要承担相应的物流成本控制职责，赋予相应的权利，并享有相应的利益，这样才能充分调动各方面对物流成本控制的积极性和主动性，取得良好的效果。

4. 目标控制原则

物流成本控制是企业目标控制的一项重要内容。目标控制原则是指企业管理以既定的目标作为人力、财力、物力管理的基础，从而实现企业的各项经济指标。物流成本控制是以目标物流成本为依据，控制企业的物流活动，达到降低物流成本、提高经济效益的目的。

5. 重点控制原则

重点控制原则要求对超出常规的关键性差异进行控制，旨在保证管理人员将精力集中于偏离标准的一些重要事项上。企业日常出现的物流成本差异往往成千上万、头绪复杂，管理人员要对异常差异实行重点控制，以利于提高物流成本控制的工作效率。

四、物流成本控制的作用

物流成本控制对企业的物流管理有以下三种作用。

1. 有利于企业提高管理水平

企业通过对物流成本内容的数量化分析，了解物流成本的大小和它在生产成本中所占的地位，从物流成本的分析中发现企业物流活动中存在的问题，明确其不合理环节及其相关的责任者，从而给企业高层管理者提供企业内物流全程管理的依据，并正确评价企业物流部门或物流分公司对企业的贡献程度。

2. 有利于降低物流费用

物流管理的本质就是追求实效,即以最小的消耗,实现最优服务,达到最佳的经济效益。企业根据物流成本核算的结果,制定详细的物流计划,评价物流活动效果并调整物流活动,以便通过统一管理和系统优化降低物流费用。通过降低物流费用来降低产品价格,从而吸引更多对价格敏感的顾客。

3. 能为社会节省大量的物质财富

物流费用的降低,意味着在物流活动过程中损耗的减少,这不仅可节省企业的物流费用,而且可为社会节省大量的物质财富。

五、物流成本控制的程序

物流成本控制贯穿于企业生产经营的全过程。一般来说,物流成本控制包括以下五项基本程序。

1. 指定物流成本控制的目标和标准

物流成本控制的目标是预定要实现的成本目标,通过实现预定的成本目标来降低物流成本,并在制定控制目标的基础上制定控制的标准。标准是实施控制的依据和准绳,而物流成本控制标准是物流各项开支和资源消耗的数量程度。一般来说,物流成本控制的标准分解地越细、越具体,企业实施控制越可有序进行。

2. 对物流实际成本形成过程实施日常控制

物流成本控制要贯穿物流全过程,包括对相关直接费用和间接费用的控制,并与物流进度、质量、安全检查同步进行,制定责任制,做到物流成本控制人人有责,既要有物流费用发生执行者的自我控制,还要在物流责任制中实施他控监督。

3. 通过比较,揭示物流成本差异并及时纠正不理偏差

物流成本差异是通过实际发生的物流消耗与控制标准进行比较而发现的。在对物流实际成本进行控制的过程中,企业要及时发现、及时纠正。此外,企业还要通过比较找出总体差异,为进行成本分析提供依据。

4. 分析产生差异的原因

对于物流成本差异,无论是节约还是超支,企业都需要认真分析产生差异的原因。总体来说,超支差异是不好的,也可能是由于自然界或社会等客观不可抗的因素所导致的。而节约差异是好的,也可能是某部门或个人以次充好,或降低了服务标准等原因所导致的。企业应在对产生差异的原因进行具体分析的基础上,分清责任,分别进行处理,达到成本控制的目的。

5. 进行差异评价或奖惩

评价物流成本目标是企业实现情况和成本标准的执行结果,进行业绩考核,实施奖惩的程度。

任务三　物流成本控制方法

一、目标成本法

1. 目标成本法的含义

目标成本法目标成本法是战略成本管理使用的一种工具,是为了更好地实现成本控制的目标,从战略的高度与企业的战略目标相结合,将成本控制扩展到产品生产的全过程。从产品开发、设计到生产制造及销售阶段,目标成本法可实现物流成本全过程的控制。

目标成本

第一,目标成本是一种预计成本,是指产品、劳务和工程项目等在其生产经营活动开始前,根据预定的目标所预先制定的产品、劳务和工程项目生产和营建过程中各种消耗的标准,是成本责任单位、责任人努力的方向与目标。

第二,目标成本是有效地进行成本比较的一种工具,它将成本指标层层分解落实,使其与实际发生的生产费用相比较,找出差异,查明原因,使企业及时采取措施加以改进,从而达到控制成本的目的。确认目标成本的过程,也是深入了解影响成本的各种因素及这些因素对成本的影响程度的过程,这有利于企业明确差异,加强成本管理。

在目标成本法运用的早期,企业通常是先通过市场调查收集信息,了解客户愿意为这种产品所支付的价格及期望的功能和质量,扣除开发产品所需要的研发经费和预计的利润,这样计算出来的结果就是产品在制造、分销和产品加工处理过程中所允许的最大成本,即目标成本,可用公式表示:

$$产品目标成本＝售价－利润$$

在美国,目标成本法被认为是一种管理方法,其不仅是一种成本控制的方法,还是一种利润计划和成本管理的综合方法。

日本企业运用目标成本法已有多年。根据调查显示,100%的运输设备制造商、75%的精密设备制造商、88%的电子设备制造商和83%的机器制造商都在使用目标成本法。

2. 目标成本法的特点

(1)起点在设计阶段。在产品的设计阶段,必须先收集市场需求情况,确定产品的具体要求,企业据此进行设计、制定工艺和确定所耗用的原材料和零件价格,从而初步测算出一个目标成本。为了对初步测算得出的目标成本的可行性做出分析和判断,必须在目标成本实施前对其进行可行性分析。

(2)侧重事前控制。目标成本法改变了传统的"为降低成本而降低成本"的观念,取而代之的是战略性成本管理的观念,所追求的是在不损害企业竞争地位前提下降低成本的途径。一方面,如果成本降低的同时,削弱了企业的竞争地位,这种成本降低的策略是不可取的;另一方面,如果成本的增加有助于增强企业的竞争实力,这种成本的增加就是值得鼓励的。目标成本管理旨在确定各个层次的目标成本,而标明该方法或技术的落脚点是事前控制。

(3)实施系统化管理。传统成本管理的范围只局限于事中、事后的成本管理。目标成本法是将企业的全部经营活动作为一个系统,从事前的成本预测到成本形成及事后的成本分析,实施全面、全过程的管理,将全部经营活动中的一切耗费都置于成本控制之下,并把工作重点放到事前控制和事中控制,及时分析差异,这有助于企业采取措施消除不利因素,加强成本控制的地位。

3. 目标成本法的实施步骤

目标成本法的实施步骤会因企业物流活动内容的不同而不同,大体上可以分为五个阶段。

(1)物流目标成本的初步确定。目标成本法要求先预计物流服务收入,然后根据企业中长期计划制定物流目标利润,再以服务收入减去目标利润即为物流目标成本。其公式可表示:

$$物流目标成本 = 预计服务收入 - 预计目标利润$$

预计服务收入根据企业经营目标确定。

预计目标利润确定有以下几种方法。

1)目标利润率法。采用经营相同或者相似业务的物流企业的平均报酬率来预计本企业利润。其计算公式:

$$目标利润 = 预计服务收入 \times 同类企业平均服务利润率$$
$$目标利润 = 本企业净资产 \times 同类企业平均净资产利润率$$
$$目标利润 = 本企业总资产 \times 同类企业平均资产利润率$$

采用目标利润法的理由是:本企业必须达到同类企业的平均报酬水平,才能在竞争中生存。有的企业会使用同类企业先进水平的利润率来预计目标成本,其理由是力争做到最高的水平。

2)上年利润基数法。随着企业生产经营的发展,企业高层领导会提出增长利润的要求。其计算公式:

$$目标利润 = 上年利润 \times 利润增长率$$

采用上年利润基数法的依据为未来为历史的延续,在考虑现有基础的前提下预计未来的变化,包括环境和自身的改变。有时企业董事会或上级会提出利润增长的明确要求,促使企业采用上年利润基数法。

(2)物流目标成本的可行性分析。物流目标成本的可行性分析,是指对初步测算得出的物流目标成本是否切实可行做出的分析和判断。它包括分析预计服务收入、物流目标利润和目标成本。

第一步,在分析预计服务收入时,企业可以进行市场调研,调查客户需要的物流服务功能和特色,也可以对竞争者进行分析,掌握竞争者物流服务的功能、价格、品质和服务水平等有关资料,并与本企业的资料进行比较,通过比较、分析来确定本企业预计服务收入的可行性。

第二步,企业分析物流目标利润应与企业中长期目标及利润计划相配合时,同时考虑销售、利润、投资回报、现金流量、物流服务的品质、成本结构、市场需求、销售政策等因素的影响,以确定其可行性。

第三步,企业根据自身实际成本的变化趋势、同类企业的成本水平,充分考虑成本节约能力,对某一时期的成本总水平做出预计,分析物流目标成本的可行性。

(3)物流目标成本的分解。物流目标成本的分解,是指设立的物流目标成本通过可行性分析后,将其自上而下按照企业的组织结构逐级分解,落实到有关责任中心的过程。物流目标成本的分解通常不是一次完成的,需要一定的循环,不断修订,有时甚至会通过修改原来设立的目标来实现。

(4)实现物流目标成本。实现物流目标成本,首先要将企业目前的物流成本与目标成本进行比较,计算成本差异。然后通过运用价值工程、成本分析等方法寻求最佳的物流过程设计,用最低成本达到客户需求的功能、安全性、品质等。如果此时企业计算出的最佳物流过程设计下的成本仍高于目标成本,则需重复应用上述手段寻求最佳成本。

(5)物流目标成本的追踪考核与修订。物流项目成本的追踪考核与修订,包括对企业物流活动的财务目标和非财务目标完成状况的追踪考核,调查客户的需求是否得到满足,以及市场变化对物流目标成本有何影响等事项,并根据上述各阶段物流目标成本的实现情况对其进行修订。

例 4-3 运输企业的平均利润率为 15%,运输作业的市场价格为 1 元/吨公里,某运输企业预计作业量为 500 万吨公里,试确定目标成本。

解:
$$预计收入 = 预计售价 \times 目标作业量 = 1 \times 500 = 500 \text{ 万元}$$
$$目标利润 = 预计收入 \times 同类行业平均利润率 = 500 \times 15\% = 75 \text{ 万元}$$
$$目标总成本 = 预计收入 - 目标利润 = 500 - 75 = 425 \text{ 万元}$$
$$目标单位成本 = 425/500 = 0.85 \text{ 元}$$

二、标准成本法

1. 标准成本法的含义

标准成本是指经过认真的调查分析和运用科学的技术检测方法制定的,在有效经营条件下应该达到的成本。物流成本控制要求首先制定成本控制标准,物流标准成本主要包括三方面的内容,即物流直接材料、物流直接人工和物流服务费用。

标准成本法

2. 物流标准成本的制定

(1)物流直接材料标准成本的制定。物流直接材料标准成本由物流直接材料价格标准和直接用量标准确定。其计算公式:

$$物流直接材料标准成本 = 价格标准 \times 用量标准$$

物流活动中的包装和流通加工由于需要使用材料,经常要计算物流直接材料标准成本。

1)直接材料价格标准应能准确反映目前市场的价格、今后市场的发展趋势,还要考虑大批量采购的价格折扣等因素。价格标准要考虑运费、检验费用和正常损耗等因素,并与采购部门协商后加以确定。

2)用量标准要根据企业物流作业流程和管理等情况综合确定。

(2)物流直接人工标准成本的制定。物流直接人工标准成本由物流工资率和工时标准加以确定。其计算公式:

$$物流直接人工标准成本 = 标准工资率 \times 工时标准$$

1)物流直接人工标准成本的制定基本涉及了物流活动的各个环节。在制定物流直接人工标准成本时,如果是计件工资,标准工资率就是计件工资单价;如果是计时工资,标准工资率就是单位计时工资,用标准工资总额除以标准总工时得到。

2)工时标准,需要根据现有的物流运作技术条件,测算提供某项物流服务需要花费的时间,包括设备准备时间、操作服务时间和工间休息时间。

(3)物流服务费用标准成本的制定。物流服务费用标准成本分为变动物流服务费用标准成本和固定物流服务费用标准成本。

1)变动物流服务费用标准成本。变动物流服务费用标准成本由变动物流服务数量标准成本和变动物流服务价格标准确定。

数量标准可以采用单位物流服务直接人工标准工时、机械设备标准工时或其他标准。价格标准就是每小时变动物流服务费用的标准分配率,根据变动物流服务费用预算除以数量标准总额得到。因此,其计算公式:

$$\frac{\text{变动物流服务费用}}{\text{标准成本}} = \frac{\text{单位物流服务直接}}{\text{人工标准工时}} \times \frac{\text{每小时变动物流服务}}{\text{费用的标准分配率}}$$

式中,

$$\frac{\text{每小时变动物流服务费用}}{\text{的标准分配率}} = \frac{\text{变动物流服务费用预算总额}}{\text{物流直接人工标准总工时}}$$

变动物流服务费用标准成本的例子有很多,例如,装卸搬运活动使用的油料和配件的标准成本。当各部分变动物流服务费用的标准确定以后,将它们加起来就得到变动物流服务费用的单位标准成本。

2)固定物流服务费用标准成本。固定物流服务费用标准成本由固定物流服务数量标准和固定物流服务价格标准确定。数量标准和价格标准的确定与变动物流服务费用相同。因此,其计算公式:

$$\frac{\text{固定物流服务费用}}{\text{标准成本}} = \frac{\text{某物流服务直接}}{\text{人工标准工时}} \times \frac{\text{每小时固定物流服务费用}}{\text{的标准分配率}}$$

式中,

$$\frac{\text{每小时固定物流服务费用}}{\text{的标准分配率}} = \frac{\text{固定物流服务费用预算总额}}{\text{物流直接人工标准总工时}}$$

固定物流服务费用标准成本的例子很多,如仓库租赁费和仓管员工资标准。当各部分固定物流服务费用的标准确定以后,将它们加起来就可得到固定物流服务费用的单位标准成本。将所得的物流直接材料、直接人工和服务费用的标准成本汇总,就可以得到有关物流服务的完整物流标准成本。

3. 物流标准成本差异的计算与分析

物流标准成本差异是指物流实际成本与标准成本之间的差额。实际成本大于标准成本,是逆差,称为不利差异;实际成本小于标准成本,是顺差,称为有利差异。其计算公式:

成本差异＝实际成本－标准成本
　　　　＝实际数量×实际价格－标准数量×标准价格
　　　　＝(实际数量－标准数量)×标准价格＋实际数量×(实际价格－标准价格)

从上式看出,(实际数量－标准数量)×标准价格被称为数量差异,实际数量×(实际价格－标准价格)被称为价格差异。因此,成本差异就等于数量差异与价格差异之和,即

成本差异＝数量差异＋价格差异

物流标准成本差异通常是由物流直接材料成本差异、物流直接人工成本差异和物流服务费用成本差异三部分构成。

(1) 物流直接材料成本差异的计算和分析。物流直接材料成本差异由物流直接材料价格差异和物流直接材料用量差异组成，其计算公式：

物流直接材料成本差异＝物流直接材料实际成本－物流直接材料标准成本

物流直接材料用量差异＝(材料实际用量－材料标准用量)×材料标准价格

物流直接材料价格差异＝(材料实际价格－材料标准价格)×材料实际用量

造成物流直接材料用量差异的原因有很多，如采用新的包装技术而用料标准没有随之改变，操作员技术不过关，操作员责任心较差，等等。这类差异的责任一般要由操作部门承担。导致物流直接材料价格差异的原因也很多，如没有按照经济订购批量进行采购，舍近求远采购，等等，这类差异的责任一般要由采购部门承担。

(2) 物流直接人工成本差异的计算和分析。物流直接人工成本差异由物流直接人工效率差异和物流直接人工工资率差异组成。其计算公式：

物流直接人工成本差异＝物流直接人工实际成本－物流直接人工标准成本

物流直接人工效率差异＝(实际人工工时－标准人工工时)×标准工资率

物流直接人工工资率差异＝(实际工资率－标准工资率)×实际人工工时

造成物流直接人工效率差异的原因也很多，如用人不当，作业人员经验不足，路况差导致额外运输时间，物流机械设备陈旧、低效，等等，这类差异的责任一般要由操作部门承担。导致物流直接人工工资率差异的原因有工资制度的变化、如临时工的变动等，这类差异的责任一般要由人力资源部门承担。

(3) 物流服务费用成本差异的计算和分析。物流服务费用成本差异分为变动物流服务费用成本差异和固定物流服务费用成本差异。

1) 变动物流服务费用成本差异分析。变动物流服务费用成本差异由变动物流服务费用效率差异和变动物流服务费用耗费差异组成。其计算公式：

$$\text{变动物流服务费用成本差异} = \text{变动物流服务费用实际成本} - \text{变动物流服务费用标准成本}$$

$$\text{变动物流服务费用效率差异} = (\text{实际工时} - \text{标准工时}) \times \text{变动物流服务费用标准分配率}$$

$$\text{变动物流服务费用耗费差异} = (\text{变动物流服务费用实际分配率} - \text{变动物流服务费用标准分配率}) \times \text{实际工时}$$

引起变动物流服务费用效率差异的原因与引起物流直接人工效率差异的原因基本相似，变动物流服务费用耗费差异的形成往往是由于变动物流服务费用开支额或工时耗费发生变化，责任一般在物流操作部门。

2) 固定物流服务费用成本差异。固定物流服务费用成本差异由固定物流服务耗费差异、闲置能量差异和效率差异组成。其计算公式：

$$\text{固定物流服务费用成本差异} = \text{固定物流服务费用实际成本} - \text{实际物流作业量的标准成本}$$

$$\text{固定物流服务费用耗费差异} = \text{固定物流服务费用实际成本} - \text{固定物流服务费用标准成本}$$

$$\text{固定物流服务费用闲置能量差异} = \left(\frac{\text{计划物流作业量}}{\text{标准工时}} - \frac{\text{实际物流作业量}}{\text{实际工时}}\right) \times \text{标准费用分配率}$$

$$\text{固定物流服务费用效率差异} = \left(\frac{\text{实际物流作业量}}{\text{实际工时}} - \frac{\text{实际物流作业量}}{\text{标准工时}}\right) \times \text{标准费用分配率}$$

导致固定服务费用效率差异产生的原因与导致人工效率差异产生的原因大致相同。导致闲置能量差异的原因往往是开工不足、车辆开动率和仓容利用率低,责任在管理部门。导致固定物流服务费用耗费差异的原因比较复杂,如标准成本制定不切实际,实际物流量低于计划等,对这类差异要进行深入分析,才能分清责任部门。

综上,企业通过分析标准成本差异的原因,分清责任部门,采取积极有效的措施,控制不当差异,从而降低物流成本。

【技能训练】

例 4-4 某公司标准成本资料见表 4-7,实际成本资料见表 4-8。

表 4-7 物流标准成本资料

成本项目	标准单价或标准分配率	标准用量	标准成本/元
物流直接材料	1 元/千克	150 千克	150
物流直接人工	5 元/工时	10/工时	50
变动物流服务费用	2 元/工时	10/工时	20
物流变动成本合计			220
固定物流服务费用	1 元/工时	10/工时	10
单位物流标准成本			230

表 4-8 物流实际成本资料

成本项目	实际单价或标准分配率	实际用量	实际成本/元
物流直接材料	1.10 元/千克	148 千克	162.8
物流直接人工	5.20 元/工时	9.5 工时	49.4
变动物流服务费用	1.80 元/工时	9.5 工时	17.1
物流变动成本合计			229.3
固定物流服务费用	1.20 元/工时	9.5 工时	11.4
单位物流标准成本			240.7

该企业预计全月物流作业量标准总工时为 5 000 工时,提供物流服务 500 次,实际提供物流服务 520 次,购入直接材料 80 000 千克,计算该企业的物流成本差异。

解:
(1)计算直接材料价格差异:
物流直接材料价格差异=(1.1−1)×148×520=7 696 元
物流直接材料用量差异=(148×520−150×520)×1=−1 040 元
物流直接材料成本差异=7696−1040=6656 元
(2)计算物流直接人工成本差异:
物流直接人工工资率差异=(5.2−5)×9.5×520=988 元
物流直接人工效率差异=(9.5−10)×5×520=−1 300 元
物流直接人工成本差异=988−1300=−312 元
(3)计算变动物流服务费用成本差异:
变动物流服务费用耗费差异=(1.8−2)×9.5×520=−988 元
变动物流服务费用效率差异=(9.5−10)×2×520=−520 元
变动物流服务费用成本差异=−988−520=−1 508 元
(4)计算固定物流服务费用成本差异:
固定物流服务费用耗费差异=1.2×9.5×520−1×10×500=928 元
固定物流服务费用闲置能量差异=(10×500−9.5×520)×1=60 元
固定物流服务费用效率差异=(9.5×520−10×520)×1=−260 元
固定物流服务费用成本差异=928+60−260=728 元

项 目 小 结

物流成本预算作为物流系统成本计划的数量反应,是物流成本控制的重要依据和考核物流部门绩效的标准。物流成本预算的编制内容与物流成本核算的内容基本相似。弹性预算、零基预算和滚动预算是物流成本预算的主要方法。

物流成本控制是企业全员、全过程、全方位的控制,按成本发生的时间先后,可将其分为事前控制和事后控制。物流成本控制的主要方法包括目标成本法和标准成本法。目标成本法是为了有效地实现企业的经营目标,从战略高度进行分析,通过与企业战略目标的结合,使成本控制与企业经营管理过程的资源消耗和配置相协调的成本控制方法。标准成本法是一个由制定标准、成本计算和分析成本差异、处理成本差异三个步骤组成的系统。企业要建立物流成本控制系统,应有效控制企业内部的物流成本,通过供应链物流成本控制,提高供应链的效率,促进社会经济的发展。

【技能训练】

某物流服务变动费用的标准成本为:工时为 3 小时,变动服务费用分配率为 5 元/小时。本月实际提供服务 500 次,实际使用工时 1 400 小时,实际发生变动物流服务费用 7 700 元,试分析变动物流费用的耗费差异和效率差异。

【同步测试】

一、单选题

1.(　　)也称变动预算或滑动预算,它是相对于固定预算而言的一种预算。在编制成本预算时,预先估计到计划期内业务量可能发生的变化,编制出能分别适应各种业务量的成本预算。

A. 固定预算　　　　　　　　　B. 弹性预算
C. 零基预算　　　　　　　　　D. 滚动预算

2. 目标成本法属于(　　),

A. 事前控制　　　　　　　　　B. 事中控制
C. 事后控制　　　　　　　　　D. 以上都不正确

3. 某运输企业的平均利润率为20%,运输作业的市场价格为1.2元/(吨·千米),某运输企业预计作业量为300万/(吨·千米),目标单位运输成本为(　　)。

A. 0.5元　　　　　　　　　　B. 0.96元
C. 1元　　　　　　　　　　　D. 1.2元

4. 下列不属于目标成本法的特点的是(　　)。

A. 起点在设计阶段　　　　　　B. 侧重事前控制
C. 注重事后反馈　　　　　　　D. 实施系统化管理

5. 标准成本法的首要任务是(　　)。

A. 制定成本标准　　　　　　　B. 比较成本差异
C. 分析成本差异　　　　　　　D. 反馈和修正成本差异

二、多选题

1. 弹性预算常用的方法有(　　)。

A. 公式法　　　　　　　　　　B. 量本利分析法
C. 图上作业法　　　　　　　　D. 列表法

2. 物流企业常用的物流成本预算方法有(　　)。

A. 固定预算　　　　　　　　　B. 弹性预算
C. 零基预算　　　　　　　　　D. 滚动预算

3. 物流成本控制的作用有(　　)。

A. 有利于企业提高管理水平　　B. 有利于降低物流费用
C. 能为社会节省大量的物质财富　D. 能使企业物流成本水平更透明

4. 物流直接材料成本差异包括(　　)。

A. 用量差异　　　　　　　　　B. 价格差异
C. 效率差异　　　　　　　　　D. 工时差异

5. 物流直接人工成本差异包括(　　)。

A. 数量差异　　　　　　　　　B. 工时差异
C. 效率差异　　　　　　　　　D. 工资率差异

三、简答题

1. 简述弹性预算特征。
2. 简述零件预算特点。
3. 物流成本控制原则有哪些?
4. 简述物流成本控制的程序。
5. 简述目标成本法的含义及特点。

项目五　仓储成本管理

【知识目标】

1. 了解仓储成本的含义与构成；
2. 掌握仓储成本核算方法；
3. 掌握仓储成本优化途径。

【技能目标】

1. 能够进行仓储成本核算；
2. 学会进行仓储成本指标分析。

【案例导入】

某公司是一个多部门的企业，主要生产和销售高利润的药物产品以及包装物。这个公司在许多地方拥有现场仓库，由相关员工管理。这些带有温控的仓库是为了储存药品设计的，要求的安全和管理技术超过包装物产品的储存要求。为了充分利用这些仓库设备，该公司鼓励非药品部门将他们的产品储存在这些仓库里。

对于这些部门来说，运营这些仓库的费用是固定的。然而如果产量增加，就需要仓库工作人员加班或增加额外的工作人员。该公司的政策是把成本按照在库存中的占地面积来分摊。药品仓储的要求使这个费用很高。此外，公司各个部门是在分散的利润中心的基础上管理的。

一个相对笨重、价值较低的消费品的部门副总裁认识到，类似的服务也许能够以更便宜的价格在公共仓库仓储服务中获得。他将本地区的产品从公司的仓库中撤出，开始采用公共仓库来储存产品。尽管该公司配送中心仓库处理和储存的货物量大大减少了，但节约的成本却很少。这是因为这些设施的固定成本比例太高了，导致同样的成本被分摊到了更少的使用者身上。其他部门也开始使用公共仓库来降低各自部门的成本。结果，整个公司的仓储成本不降反升。这是因为该公司的场仓储成本是固定的，所以，无论仓库是空的还是满的都不能大幅度改变成本。当非药品产品转移到公共仓库中去，公司为其建设的仓库设施依旧要承受几乎一样的成本总额，而且还额外增加了公共仓库的成本。实际上，这个成本系统促使部门物流经理的行为以本部门利润的最大化为原则，而不是一整个公司利润的最大化为原则。整个公司产品成本增加了，利润却减少了。

思考：从这个案例中，你认为企业应该如何管理仓储成本？有哪些途径可以降低仓储成本？

任务一　仓储成本构成

一、仓储的含义

仓储是指在特定的场所储存物品的行为。仓储是物质产品生产过程的继续,物质仓储也创造产品的价值。仓储活动发生在仓库等特定的场所。仓储的对象既可以是生产资料,也可以是生活资料,但必须是实物动产。当产品不能被即时消耗掉并需要专门的场所存放时,静态的仓储就产生了;将物品存入仓库并对物品进行保管、控制和使用,动态的仓储便形成了。仓储是物流的主要功能要素之一。仓储的概念和运输概念相对应。运输改变物品的空间状态,而仓储改变物品的时间状态,它通过克服工序之间的时间差异使产品获得更好的效用。可见,在物流系统中,运输和仓储是物流的两个主要功能要素,是物流的两大支柱。

仓库储存的物资叫存货,是储存作为今后按预定的目的使用而处于闲置或非生产状态的物料。存货包括消耗品、原材料、在制品和成品。库存表示某段时间内持有的存货(可见、可称量和可计算的有形资产)。

储备是一种有目的的储存物资的行为,是一种能动的储存形式,是有目的地、能动地使生产领域和流通领域物资的暂时停滞,是储存起来以备急需的物品。

储存是物流中一个广泛的概念,是指包含库存和储备在内的一种广泛的经济现象。储存可以在任何位置,不一定在仓库,也不一定具有储备的要素。在一般情况下,储存和储备两个概念是不作区分的。

二、仓储对物流成本的影响

1. 仓储对物流成本的正面影响

传统的仓储业以收取保管费为商业模式,确保自身的仓库总是满满的,这种模式与现代物流的宗旨背道而驰。现代物流以整合流程、协调上下游为己任,静态库存越少越好。仓储的作用表现在以下六点。

(1)运输整合。当货物不足整车或整箱的情况下,为了降低运输成本,把小批量的货物凑成整车或整箱运输。通过将零担及拼箱运入或运出距离相对较近的仓库,仓储能让企业将小的货载合并为较大的货载(装满一车),这样就大大减少了平均运输费用。对于原材料物流系统来说,仓库能将不同供货商的零担及拼箱货整合为整车和整箱,然后将其送给收货人。对产品物流系统来说,仓库可以接收来自各分厂的整装货物,再将其分装为零担及拼箱,运到不同的市场。

(2)产品组合。产品组合是指按照顾客的需要进行产品混装。在下达订单时,顾客要求的往往是多种生产线上的各种产品组合。通常来说,企业在不同工厂生产的各类产品。因此,为多种产品生产线服务的仓库能高效的完成订单。通过在靠近人口稠密区的地方建造新的组合仓库,企业能用较小的运输工具运送货物,并安排合适的时间送货以避免交通堵塞。此外,企业也可将原料及半成品组合后整车地由供应仓库运往工厂。这一策略不仅可降运输成本,还避免了将工厂当作仓库使用。

(3)直接转运。直接转运是一项使产品组合顺利进行的作业。在直接转运作业中,来自不同供货商的产品聚集到流通仓库,但这些货物并不是储存起来供以后进行分拣,而是直接穿过仓库,载入正在等待的货车,然后送给特定客户。一般情况下,仓库的进货速度要快于出货速度。因此,每次进货后,仓库内的货物都要有一部分剩余,形成货物库存。如果能适当放慢仓库的进货速度,使进货速度等于出货速度,就会使入库的货物直接穿过仓库,使库存费用降到最低,实现零库存。

(4)服务。生产企业需要的原材料和零部件由仓库储存并按时送到工厂,消费者的生活需求品也将由仓库提供。在顾客下达订单时,企业就将货物按要求在仓库里准备好,按客户要求的时间和地点送货,使客户满意,并由此提高将来的销售量并降低物流成本。

(5)偶发事件防范。仓库储存的货物可以用于防范偶发事件,如运输被延误或卖主缺货等。对供货仓库而言,偶发事件防范是非常重要的,因为原材料供应的延迟将使产品生产延迟,甚至导致生产系统全部瘫痪。此外,为了防范地质或气象原因引起的自然灾害,或为了及时提供由于其他原因引起的各种物资消耗,也要靠国家战略储备来保证。

(6)缓冲。仓库的存在使生产过程和产品的消费周期衔接。例如,皮大衣、羽绒服这样季节性消费品的周期性需求和此类产品的均衡生产,只有靠仓库的库存来实现供需调节。而粮食水果蔬菜之类的季节性商品和这些商品的均衡性消费的不平衡,也只有靠仓库实现供求调节。

2. 仓储对物流成本的负面影响

不当的仓储活动会带来物流成本的增加,从而冲减企业利润。这主要是因为实施仓储活动要有成本的支出。同时,产品的使用价值可能会在"存"的过程中不断降低。其负面影响具体表现在以下四点。

(1)机会损失。仓储活动中库存占用资金必须支付的利息,以及如果将用于购买(生产)库存的资金用于其他项目可能会带来的收益,都是企业由于仓储活动必须承担的机会成本。

(2)陈旧损失与跌价损失。产品在储存期间可能发生各种化学、生物、物理、机械等方面的损失,从而使产品贬值,甚至失去全部使用价值。库存时间与发生陈旧损失的可能性成正比关系,库存时间越长,可能产生的损失也就越大。此外,对于技术含量较高且技术发展迅速的产品而言,产品技术过时也会引起跌价的损失。如果这些产品的存储时间过长,错过了有利的销售期,那么企业就只能以较低的价格出售产品,从而带来损失、增加成本。

(3)增加固定资产投资与其他成本的支出。实施仓储活动会引起仓库建设等固定资产投资的增加,从而增加企业成本;而进货、验收、存储、发货、搬运等仓储作业的支出会导致企业收益的降低。此外,随着社会保障体系和安全体系日益完善,我国近年来已开始对库存产品通过投保来分担风险,投保缴纳保险费带来的保险费支出在有些企业已达到了相当大的比例,并且这个成本支出的比例还会不断上升。

(4)仓储活动有可能占用企业过多的流动资金,从而影响企业正常运转。企业的存货往往是最主要的流动资产,占用大部分流动资金。当企业的存货积压时,势必会影响企业的现金流动,使企业无法正常运转,甚至倒闭。

三、仓储成本的构成

仓储成本是仓储企业开展业务活动中各要素投入的以货币计算的总和。仓储成本是物流成本的重要组成部分，对物流成本的高低有直接影响。仓储成本构成有以下四个方面。

1. 仓储持有成本

仓储持有成本是指为保持适当的库存而发生的成本，可以分为固定成本和变动成本。固定成本与一定限度内的仓储数量无关，如仓储设备折旧、仓储设备的维护费用、仓库职工工资等；变动成本与仓储数量有关，如库存占用资金的利息费用、仓储物品的损毁和变质损失、保险费用、搬运装卸费和挑选整理费用等。变动成本主要包括资金占用成本、仓储维护成本、仓储运作成本和仓储风险成本。

(1) 资金占用成本。资金占用成本也称为利息成本或机会成本，是仓储成本的隐含费用。资金占用成本反映了失去的盈利能力，如果资金投入其他方面，就会要求取得投资回报，而资金占用成本就是这种尚未获得的回报的费用。为了核算方便，一般情况下，资金占用成本是指占用资金支付的银行利息。

资金占用成本是仓储持有成本的一个重要组成部分，通常用持有库存的货币价值的百分比表示。也就是说，资金占用成本是用确定企业新投资最低回报率来计算资金占用成本的，因为从投资的角度来说，库存决策与广告、新建厂、增加机器设备等投资是一样的性质。

(2) 仓储维护成本。仓储维护成本主要包括与仓库有关的租赁、取暖、照明、设备折旧、保险费用和税金费用等。仓储维护成本随企业采取的仓储方式不同而有不同的变化，如果企业利用自有仓库，大部分仓库维护成本是固定的；如果企业利用公共的仓库，则有关仓储的所有成本将直接随库存数量的变化而变化。在做仓储决策时，以上因素都要考虑。

此外，根据产品的价值和类型，产品丢失或损坏的风险高，就需要较高的保险费用。同时，许多国家将库存列为应税财产，高水平库存导致高税费。保险费用和税金将随着产品不同而有很大变化，在计算仓储维护成本时，必须将其考虑进去。

(3) 仓储运作成本。仓储运作成本主要与商品的出入库有关，即通常所说的装卸搬运成本。

(4) 仓储风险成本。作为仓储持有成本的最后一个主要组成部分，仓储风险成本反映的是由于企业无法控制的原因，造成的库存商品贬值、损坏、丢失、变质等损失。

2. 订货成本或生产准备成本

(1) 订货成本。订货成本是指从发出订单到收到存货整个过程中所付出的成本，如订单处理成本（包括办公成本和文书成本）、运输费、保险费，以及装卸费等。

订货成本的发生有两种情况：一是由于发出采购订单去向外部供应商购买物料而发生的成本，如采购物料时，必须书写材料申请单与采购订单，必须处理发票、付款给供应商，收进的货物必须检查并送交仓库或加工地等发生的费用；二是由于向内部工厂发出订单而发生的成本，如向工厂定制一批物料时所发生的文书工作的成本、机器调整、新调整后首次生产带来的开工废品，以及其他取决于订货或生产的批数的一次性费用。所有这些费用都是订货成本。

(2)生产准备成本。生产准备成本是指当库存的某些产品不由外部供应而是由企业自己生产时,企业为生产一批货物而进行准备的成本。其中,更换模具、增添某些专用设备等属于固定成本,与生产产品的数量有关的费用,如材料费、加工费、人工费等都属于变动成本。

3. 缺货成本

缺货成本是指因存货不足而给企业造成的停产损失、延误发货的信誉损失及丧失销售机会的损失等。缺货成本能否作为决策的相关成本,应视企业是否允许出现存货短缺的不同情形而定。

如发生外部缺货时,将导致以下三种情况发生。

(1)延期交货。延期交货可以有两种形式:一是缺货商品可以在下次订货时进行补充,二是利用快递延期交货。

(2)失销。由于缺货,可能造成一些客户转向其他供应商,因为大多公司都有生产替代产品的竞争者。当一个供应商没有客户所需的商品时,客户就会从其他供应商那里订货,在这种情况下,缺货会导致失销,对于企业来说,直接损失就是这种商品的利润损失。因此,企业可以通过计算这批商品的利润来确定直接损失。

(3)失去客户。由于缺货而失去客户,或客户永远转向另一个供应商。

4. 在途库存持有成本

在途库存持有成本不像上述三项成本那么明显,然而,在某些情况下,企业必须考虑这项成本。如果企业以目的地交货价销售商品,就意味着企业要负责将商品运达客户,当客户收到订货商品时,商品的所有权才转移。从理财的角度来看,商品仍是销售方的库存。因为这种在途商品在交给客户之前仍然属于企业所有,运货方式及所需的时间是储存成本的一部分,所以企业应该对运输成本与在途存货持有成本进行分析。

任务二 仓储成本核算

一、仓储成本核算目的及范围

仓储成本的计算前必须要明确计算目的,从而确定计算范围。仓储成本核算包括的范围不同,其计算结果也不同。如果要对所有的仓储物流活动进行管理,就需要计算出所有的仓储成本。如果只考虑库房本身的费用,不考虑物流等其他领域的费用,也不能全部反映仓储成本的全貌。

(一)仓储成本核算的目的

(1)为各个层次的经营管理者提供物流管理所需的成本资料。

(2)为编制物流预算以及预算控制提供所需的成本资料。

(3)为制定物流计划提供所需的成本资料。

(4)为监控仓储管理水平提供各种成本信息。

(5)提供价格计算所需的成本资料。

为达到以上目的,仓储成本除了按物流活动领域、支付形态等类别分类外,还应根据管理的需要进行分类,并且要通过不同期间成本的比较、实际发生费用与预算标准的比较,并结合仓储周转数量和仓储服务水平,对仓储进行分析比较。

(二)仓储成本核算范围

仓储成本核算范围取决于其核算目的,如果要对仓储物流活动进行管理,就需要计算出所有的仓储成本。仓储成本所包括的范围不同,计算结果也不一样。

在核算仓储成本时,原始数据主要来自财务部门提供的数据。因此,企业应该把握按支付形态分类的成本。在这种情况下,对外支付的保管费可以直接作为仓储物流成本全额统计,但对于企业内发生的仓储费用是与其他部门发生的费用混合在一起的,需要从中剥离出来。例如,材料费、人工费、物业管理费、管理费、营业外费用等。

1. 材料费

材料费是与包装材料、消耗工具、器具备品、燃料等关联的费用,可以根据材料的出库记录,将此期间与仓储有关的消耗计算出来,再分别乘以单价,便可得出材料费。

2. 人工费

人工费可以从向仓储人员支付的工资、奖金、补贴等报酬的实际金额,以及由企业统一负担部分按人数分配后得到的金额计算出来。

3. 物业管理费

物业管理费包括水、电、气等费用,可以通过安装在设施上的用量记录装置来获取相关数据,也可以根据建筑设施的比例和仓储人员的比例简单推算。

4. 管理费

管理费是指仓储企业或部门为管理仓储活动或开展仓储业务而发生的各种间接费用,主要包括仓库设备的保险费、办公费、人员培训费、差旅费、招待费、营销费、水电费等。

5. 营业外费用

营业外费用包括折旧、利息等。折旧依据设施、设备的折旧年限、折旧率计算;利息根据仓储相关资产的贷款利息计算。

6. 仓储损失

仓储损失是指保管过程中货物损坏而需要仓储企业赔付的费用。造成货物损失的原因有仓库本身的保管条件,管理人员的人为因素,货物本身的物理、化学性能,搬运过程中的机械损坏等。实际中,企业应根据具体情况,按照制订的制度标准,分清责任合理计入成本。

7. 保管费

保管费是为存储货物所开支的货物养护、保管等费用,包括用于货物保管的货架、货柜的费用开支,仓库场地的房地产税等。

8. 修理费

修理费主要用于设备、设施和运输工具的定期大修理,每年可以按设备、设施和运输工具投资额的一定比率提取。

9. 装卸搬运费

装卸搬运费是指货物入库、堆码和出库等环节发生的装卸搬运费用,包括搬运设备的运行费用和搬运工人的成本。

二、仓储设施设备成本计算

企业可以通过自有仓库、租赁仓库、公共仓库三种方式来获取仓储设施设备成本。

(一)自有仓库

自有仓库又称自营仓库,是指由企业拥有并管理的仓库。一般来说,自有仓库初期投资较大,但在以后的日常运行中成本很低。自有仓库是企业出资建设的为企业生产、销售服务的仓库等设施设备,是企业的固定资产。固定资产的服务潜力会随着其在生产经营中的使用而降低直至消逝。在成本管理中,固定资产的成本是通过折旧来进行计算的。

1. 折旧的含义

所谓折旧,是指因固定资产使用磨损而逐渐转移的价值。作为企业的固定资产,仓库等设施设备由于使用及自然力的作用或科学技术的进步等原因,会逐渐丧失其原有的价值,这被称为仓库等设施设备的价值损耗,包括有形损耗和无形损耗两种形式。

(1)有形损耗。有形损耗是可见或可测量出来的物流性损失、消耗,指固定资产由于使用中的物质磨损或是受到物理、化学或自然力等因素的作用而逐渐发生的一定程度的损耗或磨损。有形损耗包括使用损耗和自然损耗两个方面,是计提折旧最为主要的依据。这种损耗,一方面是因固定资产的使用引起的,如机器设备在运转中由于摩擦和物理、化学反应等会使其精度效率逐渐降低;另一方面则是因不使用而受自然力的作用造成的,如锈蚀、自然老化等。前一种情况或多或少地与固定资产的使用程度成正比;后一种情况则在一定程度上与固定资产的使用成反比。

(2)无形损耗。无形损耗是指仓库等设施设备本身的服务潜能未受影响,但由于科学技术的进步而引起仓库等设施设备价值的降低。无形损耗主要有两种形式:①由于生产方法的改进和社会劳动生产率的提高,使同类结构和性能的机器、设备能以更少的社会必要劳动时间再生产出来,从而引起原有固定资本的价值相应降低;②由于出现了新技术,发明了新的效能更高的机器设备,继续使用原有的机器设备就不经济,因而引起使用期限缩短,以致提前报废。

2. 自有仓库设施设备的折旧方法

影响仓库等设施设备折旧的因素,主要有计提折旧的基数、仓库等设施与设备的使用年限、仓库等设施设备的净残值等。

企业应当根据仓库等设施设备的性质和消耗的方式,合理确定仓库等设施与设备的预计使用年限和预计净残值,并根据环境变化、科技发展及其他因素,选择合理的折旧方法。关于固定资产预计使用年限和预计净残值、折旧方法等,一经确定不得随意变更。

(1)平均年限法。平均年限法又称为直线法,是将固定资产的折旧均衡地分摊到各期的一种方法。采用这种方法计算的每期折旧额均是等额的。其计算公式：

$$年折旧率 = \frac{1 - 预计净残值率}{预计使用年限} \times 100\%$$

$$月折旧率 = \frac{年折旧率}{12}$$

$$月折旧额 = 固定资产原值 \times 月折旧率$$

平均年限法只考虑使用时间，未考虑使用强度。因而在一个期间内，不管仓库等设施设备使用的强度如何，其计提的折旧数额都是相等的。

（2）工作量法。工作量法是平均年限法的补充和延伸，适用于单价价值较高，但各月的工作量或工作时间不均衡的固定资产。其计算公式：

$$单位工作量折旧额 = \frac{固定资产原值(1 - 净残值率)}{预计总工作量}$$

某项固定资产月折旧额 = 该项固定资产当月工作量 × 单位工作量折旧额

（3）加速折旧法。加速折旧法主要有两种，即双倍余额递减法和年数总和法。

1）双倍余额递减法。在双倍余额递减法下，余额是指计提的基数在逐渐减少，而折旧率始终保持不变。每一年的折旧额是按照仓库设施设备的期初账面价值（包括残值）来计提的。最后两年将仓库等设施设备的账面价值减去净残值，改为直线平均摊销。其计算公式：

双倍余额递减法

$$年折旧率 = \frac{2}{预计使用年限} \times 100\%$$

年折旧额 = 期初固定资产账面净值 × 年折旧率

$$月折旧额 = \frac{年折旧额}{12}$$

2）年数总和法。年数总和法的计算公式：

$$年折旧率 = \frac{尚可使用年限}{年数总和} = \frac{预计使用年限 - 已使用年限}{年数总和}$$

$$年数总和 = \frac{预计使用年数 \times (预计使用年数 + 1)}{2}$$

年折旧额 = （固定资产原值 - 预计净残值）× 年折旧率

【实战演练】

（1）某企业一小型仓储设备原值10 000元，预计使用年限为5年，预计净残值率为5%，试按不同方法计算该设备的年折旧额和月折旧额。

解：

1）按平均年限法计算：

$$年折旧率 = \frac{1 - 预计净残值率}{预计使用年限} \times 100\% = \frac{1 - 5\%}{5} \times 100\% = 19\%$$

年折旧额 = 10 000 × 19% = 1 900元

项目五　仓储成本管理

$$月折旧额 = \frac{1\ 900}{12} = 158.33\ 元$$

2）按双倍余额法计算：

$$年折旧率 = \frac{2}{预计使用年限} \times 100\% = \frac{2}{5} \times 100\% = 40\%$$

预计净残值 = 10 000 × 5% = 500 元

第一年折旧 = 10 000 × 40% = 4 000 元

第二年折旧 = (10 000 − 4 000) × 40% = 2 400 元

第三年折旧 = (10 000 − 4 000 − 2400) × 40% = 1 440 元

第四、五年折旧 = (10 000 − 4 000 − 2 400 − 1 440 − 500)/2 = 830 元

3）按年数总和折旧法：

$$年数总和 = \frac{预计使用年数 \times (预计使用年数 + 1)}{2} = \frac{5 \times 6}{2} = 15$$

预计净残值 = 10 000 × 5% = 500 元

第一年折旧 = (10 000 − 500) × 5/15 = 3 166.67 元

第二年折旧 = (10 000 − 500) × 4/15 = 2 533.33 元

第三年折旧 = (10 000 − 500) × 3/15 = 1 900 元

第四年折旧 = (10 000 − 500) × 2/15 = 1 266.67 元

第五年折旧 = (10 000 − 500) − 3 166.67 − 2 533.33 − 1 900 − 1 266.67 = 633.33 元

（2）某企业的大型仓储设备，其原值为 150 000 元，预计净残值率为 4%，预计加工能力为 60 000 小时。该设备采用工作量法计提折旧，某月该设备工作 480 小时，试计算该仓储设备的月折旧额。

解：

$$单位工作量折旧额 = \frac{固定资产原值(1 - 净残值率)}{预计总工作量} = \frac{150\ 000 \times (1 - 4\%)}{60\ 000} = 2.4\ 元/小时$$

该月折旧额 = 该项固定资产当月工作量 × 单位工作量折旧额 = 480 × 2.4 = 1 152 元

3. 自有仓库的优劣势

（1）自有仓库的优点包括以下四方面。

1）可以更大程度地控制仓储。由于企业对仓库拥有所有权，所以企业作为货主能够对仓储实施更大程度的控制，而且有助于与其他系统进行协调。

2）储位管理更具灵活性。企业是仓库的所有者，可以按照企业要求和产品特点对仓库进行设计和布局。

3）仓储成本低。仓库如果得到长期的充分利用，可以降低单位货物的仓储成本，在某种意义上说也可以降低相关成本。

4）最大程度表现企业实力。当企业将产品储存在自有仓库中，会给客户一种企业长期持续经营的良好印象，客户会认为该企业实力强，经营十分稳定、可靠，从而成为企业持续的供应者，这有助于提高企业的竞争优势。

(2)自有仓库的缺点主要有以下三方面。

1)缺乏柔性化。自有仓库具有固定的大小规模和技术水平。在满足不同程度的顾客需求时,自有仓库的存储能力在短期内都将受到一定的限制,在顾客的需求较低时,会导致仓库设施的闲置和仓库空间的浪费。

一方面,自有仓库一般位置比较固定,使企业不能迅速地随市场情况的变化而变化,这将会失去许多重要的商业机会;另一方面,如果自有仓库不能够迅速地满足产品的市场需求,企业在顾客服务水平和销售额方面也会下降。

2)财务方面的限制。由于建造仓库的成本比较高,多数企业一般不一定具有足够的资金实力来建造或购买。此外,建造仓库属于长期的、高风险的投资项目(由于其特殊化的内部设计和建造以至于以后很难销售出去),企业难以投资或维持。

对仓库管理人员支付的工资和培训费用,对仓库管理设备的购买和仓库作业系统地设计,使得建造自有仓库变得费时又费钱。另外,从企业自身的角度看,一般都喜欢将资金投入到一些高回报的项目上去,以便能够获得及时而高效的回报。

3)投资回报率较低。对自有仓库的投资决策分析就是考察自有仓库的投资回报率。大多数的情况下,自有仓库的投资回报率一般都很低,它很难获得与其他投资项目一致的投资回报率。

(二)租赁仓库

企业租赁仓库发生的成本就是企业租赁仓库的租金费用。租赁仓库除了提供存储服务外,一般不提供其他服务,因此不发生其他费用。

租赁仓库一般由出租房按照承租方的要求建造仓库、或者承租方根据自己的要求寻找适合的仓库。承租方的费用简单,一般只是按期支付租赁费用。而仓库的维护费用则由出租方负责。

租赁仓库的租金通常是根据企业在一定时期内租用仓储空间的大小来收取的。租赁仓库的租金合约一般期限都很长,而企业租用的空间大小是基于该期限内的最大储存需求而决定的。当企业的库存没有达到最大值时,租金不会因为仓储空间没有充分利用、存在空余而减少。因此,租赁仓库的租金不会随库存水平变化而每天波动,它与库存水平无关,不属于库存持有成本。租赁仓库的租金费用属于仓储成本,它会随市场供求情况发生变化,受市场上可供租赁的仓储空间的供给量与需求量的制约。此外,如果企业停止租赁,那么租赁仓库所带来的所有费用都会消失。

(三)公共仓库

公共仓库可以为企业提供各种各样的物流服务,比如存储、装卸、存货控制、订货分类、拼箱、运输安排、信息传递以及企业要求的其他服务。公共仓库的合同属于短期合同,企业可以根据情况对合同及时变更。公共仓库合同的灵活性使得企业能够适应多变得市场环境。

1. 公共仓库的优点

(1)节省资金投入。使用公共仓库的最大优点是可以节省资金的投入、减小企业财务方面的压力。企业不仅可免去在土地购买、仓库建设和仓库作业设备方面的投资,还可减少仓库初期的运行成本和雇用、培训仓库管理人员的开支。

(2)缓解存储压力。对季节性比较敏感的企业来讲,这一点比较明显。公共仓库的使用能够缓解市场需求高峰期的存储压力,而自有仓库,由于自身的限制,在短期内不可能承受如此庞大的业务。同时,在需求淡季,企业可以不用租赁公共仓库,节省资金,从而带来明显的成本优势。

(3)减少投资风险。一般来讲,仓库设施和设备的使用寿命为20～40年。如果企业投资建造仓库,势必会进行仓库设备方面的投资,而仓库设备的投资风险主要来自于技术设备的不断革新和商业运营模式的日新月异,从而使得这些设备很快过时。使用公共仓库,则可规避此风险。

(4)较高的柔性水平。如果仓库所在地的商业模式发生了改变,或者企业的经营方向发生了转变,拥有一个自有仓库或长期的仓库合约会成为企业额外负担。而公共仓库则可减轻此类负担,短期的公共仓库合约可以使企业能够根据市场形势的变化、不同运输方式的选择、地区产品销售的特点或者公司的财务状况等情况,自由地进行公共仓库的租赁决策。

2.公共仓库的缺点

(1)增加了一些沟通方面的难道。能否有效地进行沟通成为租赁公共仓库的一个主要难题。随着信息技术的飞速发展和电子商务的蓬勃兴起,仓库作业的许多中间环节完全可以通过互联网来实现。而对公共仓库而言,并不是所有的计算机终端接口和网络管理系统都是标准化的,它与企业进行数据传输和信息沟通不一定协调,这就给仓库的信息化管理带来一定阻碍。在多数情况下,公共仓库不可能为了一个客户而额外增加计算机设备。

(2)缺少个性化服务。在公共仓库里,有时可能得不到个性化服务。许多公共仓库的处理设备只是为了提供本地化的服务,对于一些企业的特殊要求,公共仓库可提供的个性化服务却很少。

(四)选择仓库的影响因素

一个企业是自建仓库还是租赁仓库或者采用公共仓库,需要考虑以下三点因素。

1.周转总量

自由仓库的固定成本相对较高,而且与使用程度无关。因此,必须有大量存货来分摊这些成本,使自有仓库的平均成本低于公共仓库的平均成本。如果存货周转率较高,自有仓库产生的效益则越明显。相反,当周转量相对较低时,选择公共仓库更为明智。

2.需求的稳定性

需求的稳定性是影响自建仓库的一个关键因素。许多厂商具有多种产品线,使仓库具有稳定的周转量。因此,自有仓库产生的效益则越明显。

3.市场密度

市场密度较大或供应商相对集中时,有利于修建自有仓库。这是因为零担运输费率相对较高,经自有仓库拼箱后,整车装运的运输费率会大大降低。相反,市场密度较低时,在不同地方使用几个公共仓库要比一个自有仓库服务一个很大地区所产生的效益更明显。

三、仓储成本分析

1.取得成本

取得成本是指为取得存货而支出的成本,分为订货成本和购置成本。订货成本是指取得

订货单的成本,与订货次数有关;购置成本是指存货物资本身的价值。其计算公式:

$$T_1 = F_1 + K_1 \times \frac{D}{Q} + D \times P$$

式中,T_1—— 取得成本;
$\quad F_1$—— 订货固定成本;
$\quad K_1$—— 每次订货变动成本;
$\quad D$—— 订货量;
$\quad P$—— 单价。

2. 储存成本

储存成本是指企业为保持存货而发生的成本,如仓储费、搬运费、保险费、占用资金的利息等。储存成本分为与存货数量多少有关的变动成本和与存货数量无关的固定成本。因此,其计算公式:

$$T_2 = F_2 + K_2 \times \frac{Q}{2}$$

式中,T_2—— 储存成本;
$\quad F_2$—— 固定储存成本;
$\quad K_2$—— 单位变动储存成本。

3. 缺货成本

缺货成本是指由于存货不能满足生产经营活动的需要而造成的损失,如失销损失、信誉损失、紧急采购额外支出等。缺货成本用 T_3 来表示。

综上所述,总成本计算公式:

$$\begin{aligned}总成本 &= 取得成本 + 储存成本 + 缺货成本 \\ &= T_1 + T_2 + T_3 \\ &= F_1 + K_1 \times \frac{D}{Q} + D \times P + F_2 + K_2 \times \frac{Q}{2} + T_3\end{aligned}$$

任务三 仓储成本优化

一、仓储成本优化的含义

仓储成本优化指的是用最经济的办法实现储存的功能。储存的功能是对需要的满足,实现存货的"时间价值",这就必须要有一定的仓储量。这是仓储优化的前提与本质,如果不能保证储存功能的实现,那么其他问题就无从谈起。

然而,仓储的不合理又表现为对储存功能的过分强调,过分投入储存力量和劳动。因此,仓储成本优化的实质是在保证储存功能实现的前提下,尽量减少投入,这是一个投入与产出的关系问题。

二、造成仓储成本过高的原因

造成仓储成本过高的主要原因是来自于不合理仓储。不合理仓储主要表现在两个方面:

一方面是由于储存技术不合理,造成了物资的损失;另一方面是仓储管理、组织不合理,不能充分发挥仓储的作用。不合理仓储表现主要有以下五种形式。

1. 储存时间过长

通过仓储,被储存的物资可以获得"时间效用"。然而,储存时间过长,有形和无形损耗就会加大,这是仓储"时间效用"的逆反因素。储存的总效果是确定储存最优时间的依据。

2. 储存数量过高

仓储可以保证供应、生产和消费的正常进行,但随着储存数量过高,过量储存物资的有形和无形损耗损失也越来越大。

3. 储存数量过低

一方面,较低的储存数量会减少储存物资的有形和无形损耗损失;另一方面,储存数量过低会严重影响供应、生产和消费的正常进行,其损失远远大于减少库存量所带来的收益。可见,储存数量过低会大大损害储存总效果。

4. 储存条件不足或过剩

储存条件不足指的是由于不能为被储存的物资提供良好的储存环境和必要的管理措施,造成储存物的损坏和工作的混乱,往往表现为储存场所简陋,不足以保护储存物。储存条件过剩指的是储存条件大大超出需要,使被储存物负担过高的储存成本,从而造成货主承担不合理的费用。

5. 储存结构失衡

储存结构指的是被储存物的比例关系,储存结构失衡是由于储存物的品种、规格、储存期、储存量、储存位置的失调,造成储存成本的上升的状态。

三、仓储物流的合理化标志

仓储物流的合理化的主要标志有以下四点。

1. 质量标志

保证被储物的质量是完成储存功能的根本要求。只有这样,商品的使用价值才能通过物流得以最终实现,在仓储过程中增加的时间都要以保证质量为前提。

2. 数量标志

数量标志是指在保证仓储功能的前提下,要合理确定仓储数量,提高供应的保证程度。

3. 时间标志

在保证仓储功能的前提下,要寻求一个合理的储存时间,储存量越大,储存的时间就越长,相反就越短,这就是时间标志。在具体衡量时往往通过有关周转速度来反映。

4. 结构标志

结构标志是指从被储物的不同品种、规格、花色的储存数量比例关系对仓储的合理性做出判断。

5. 分布标志

分布标志,指不同地区仓储的数量比例关系,以此判断对需求的保障情况,也可以判断对整个物流的影响。

四、仓储成本优化的途径

1. 优化仓库布局,适度集中库存

集中库存是指利用储存规模优势,以适度集中库存代替分散的小规模储存来实现仓储成本优化。集中库存不仅有利于采用机械化、自动化的操作方式,还有利于形成批量的干线运输,有利于形成支线运输的起始点。然而,在仓库布局时,要注意仓库的减少和库存的集中可能会增加运输成本。因此,要从物流总成本的角度综合考虑,选择最优方案。

2. 运用 ABC 和 CVA 管理法分析库存,抓住重点,优化库存结构

企业在进行仓储成本优化时,可要应用 ABC 和 CVA 管理法分析库存结构,抓住重点,优化库存。ABC 库存管理法是根据库存种类数量与所占资金比重之间的关系,将库存物资分为 A、B、C 三类,根据帕累托曲线规律解释的"关键的少数和次要的多数"在库存管理中的应用。对占资金总量的主要部分的 A 类物资进行重点控制管理,对介于 A 类和 C 类物资之间的 B 类物资采用常规管理,对占资金总量少部分的 C 类物资进行简单管理。这就有利于对每一类的库存物资制订不同的管理策略,降低库存物资的资金占用,减轻库存管理人员的工作量(见表 5-1)。

表 5-1　ABC 管理策略

库存类型	特　点	库存控制策略
A	品种种类占总品种数的比例约为 10%,品种价值占存货总价值的比例约为 70%	严密控制,现场管理更加严格,经常进行检查和盘点,预测更加仔细
B	品种种类占总品种数的比例约为 20%,品种价值占存货总价值的比例约为 20%	次重点管理,现场管理不必投入比 A 类更多的精力,库存检查和盘点的周期,可以比 A 类长一些
C	品种种类占总品种数的比例约为 70%,品种价值占存货总价值的比例约为 10%	一般管理,由于品种多,定期检查库存和盘点,周期可以较长

ABC 库存管理法也有不足之处,通常表现为 C 类物资得不到重视,由此也会给企业运行带来问题。例如,经销鞋的企业会把鞋带列为 C 类物资,但是鞋带缺货将会严重影响鞋的销售。一个汽车制造厂把螺钉列为 C 类物资,但缺少一个螺钉可能导致整个装配线的停工。因此,企业除了在库存数量上要设计合理,更需要在物资的结构上做到合理。

如果各种物资之间的关联性很强,只要一种物资耗尽,即使其他物资仍有一定的数量,也都无法投入使用。因此,企业在库存管理中引入了关键因素分析法(Critical Value Analysis, CVA),这种方法把存货按照关键性分成四类(见表 5-2)。

表 5-2 CAV库存类型、特点和管理措施

库存类型	特　　点	管理措施
最高优先级	经营管理中的关键物品,或A类重点客户的存货	不允许缺货
较高优先级	经营管理中的基础性物品,或B类重点客户的存货	允许偶尔缺货
中等优先级	经营管理中比较重要物品,或C类重点客户的存货	允许合理范围内缺货
较低优先级	经营管理中需要但可替代的物品	可以缺货

CVA分析法在ABC分析法基础上进行改进,能够做到物资的合理储存。两者结合使用,可以达到分清主次、抓住关键问题的目的。

3. 采用有效的"先进先出"法方式

采用计算机管理系统,根据物资入库时间,按照时间排序,从而实现"先进先出",可加快周转,减少劳动消耗。

在仓储中采用技术流程的办法保证"先进先出",采用贯通式货架系统,从一端存入货物,从另一端取出货物,货物在通道中按先后次序排队,不会出现越位现象。

采用"双仓法"储存,给每一种货物准备两个仓位或货位,轮换进行存取,必须在一个货位取完后才可以补充,这样可以保证"先进先出"。

4. 加强日常管理,降低日常开支

在保证货物质量和安全的前提下,企业要科学地堆放和储藏物品,节约保管费用,提高仓库和仓储设备的利用率,掌握好储存额的增减变化情况,充分发挥库存的使用效能,提高保管人员的工作效率,减少临时人员的支出,加强仓储物的保养,降低仓储损耗,优化仓储。

5. 运用现代库存控制技术降低库存成本

可以采用物料需求计划(MRP)、制造资源计划(MRPII),以及准时制(JIT)等生产和供应系统,合理确定原材料、在制品、半成品和产成品的最佳库存量,既能降低库存水平,又能保证生产、消费的准时供应。

6. 运用现代信息技术,实现信息共享,降低库存成本

运用运用现代信息技术,可实现企业内部各部门之间的信息共享,实现企业总部与异地分、子公司和仓库的信息共享,可以加快资金周转,降低货物损失,提高仓储设施的利用率。同时,要加强供应链企业的信息共享,可以采用供应商管理库存(VMI)、联合管理库存等手段实现库存量的降低,从而降低库存成本。

7. 虚拟仓库和虚拟仓储

在网络经济时代,采用虚拟仓库和虚拟仓储方式,是信息技术和网络技术在市场经济条件下与买方市场环境相结合的创新,它不仅可解决仓储问题,还可优化整个物流系统。

项 目 小 结

仓储成本是企业仓储活动过程中所消耗的物化劳动与活劳动的货币表现,指伴随着物流仓储活动而发生的各种费用。仓储成本可分为四部分:一是用于仓储相关设施设备的折旧、维修费及商品的自然损耗;二是用于仓储作业所消耗的人工费、动力费等;三是商品存量增加所消耗的资金成本和风险成本;四是对仓储活动进行综合管理的费用。

【技能训练】

1. 某企业仓库有一仓储设备,原价120 000元,预计使用8年,预计净残值率4%,按平均年限法计算年折旧额。

2. 某企业为降低成本,采用订购点法控制库存。某商品年总需求量为10 000件,准备或订购成本为每次10元,每年每单位商品的持有成本为5元,安全库存为3天,订货备运时间为4天,计算经济订货批量、安全库存量和订购点。

【同步测试】

一、单选题

1. 下列各种仓库中,企业拥有较大自主权的是(　　)。
   A. 租赁仓库　　　　　　　　　B. 公共仓库
   C. 自建仓库　　　　　　　　　D. 立体仓库

2. ABC库存管理中,A类商品所占用的库存金额约为库存总金额的(　　)。
   A. 5%　　　　B. 10%　　　　C. 50%　　　　D. 70%

3. 仓储费用中,括水、电、气等费用可计入(　　)。
   A. 管理费　　　　　　　　　　B. 物业管理费
   C. 营业外费用　　　　　　　　D. 保管费

4. 将固定资产的折旧按照使用时间,均衡地分摊到各期的折旧方法为(　　)。
   A. 平均年限法　　　　　　　　B. 工作量法
   C. 加速折旧法　　　　　　　　D. 双倍余额折旧法

5. 使用下列哪种仓库,企业经营的柔性水平最高(　　)。
   A. 租赁仓库　　　　　　　　　B. 公共仓库
   C. 自建仓库　　　　　　　　　D. 中转仓库

二、多选题

1. 仓储成本的构成包括(　　)。
   A. 仓储持有成本　　　　　　　B. 订货成本或生产准备成本
   C. 缺货成本　　　　　　　　　D. 在途库存持有成本

2. 选择仓库的影响因素有(　　)。
   A. 周转总量　　　　　　　　　B. 需求的稳定性

C. 市场密度 D. 灵活性要求

3. 库存持有成本的缺货成本主要包括（　　）。

A. 安全库存及其成本 B. 失销成本

C. 延期交货及其成本 D. 采购批量成本

4. 下列属于加速折旧法的是（　　）。

A. 平均年限法 B. 工作量法

C. 双倍余额递减法 D. 年数总和法

5. 仓储物流合理化主要标志有（　　）。

A. 质量标志 B. 数量标志

C. 时间标志 D. 结构标志

三、简答题

1. 仓储对物流有哪些影响？
2. 简述自有仓库的优劣势。
3. 分析企业仓储成本过高的原因。
4. 仓储成本优化途径有哪些？
5. 简述 ABC 分类管理法的工作原理及优势。

项目六　运输成本管理

【知识目标】

1. 了解运输成本的概念和影响运输成本的因素;
2. 了解各种运输成本的分类和特点;
3. 掌握各种运输成本的构成与核算;
4. 了解物流运输成本管理的优化措施。

【技能目标】

1. 具有分析各类运输成本构成的能力;
2. 具有利用所学知识进行运输成本核算的初步能力;
3. 具有综合各项因素进行运输成本优化的初步能力。

【案例导入】

合理的分仓设置、快捷的商品物流配送,不仅让物流成本节约了近三成,也确保"多款式、小批量、多批次"商品供应策略的有效实施。诺奇去掉中转采用分仓物流,节约了运输成本近三成。

1. 去掉中转,物流大提速

2010 年起,诺奇启动了分仓建设。作为分仓建设的主要执行人之一,顾涛说:"分仓建设大大加快了配货的速度。"以往都是厂家发货到诺奇福建总仓,再由总仓配送到各分公司,这一中转,一次发货通常都要一周左右,而分仓建成后,厂家都是根据总部的配送清单直接发往各分仓,一般到货只要两三天。

2. 即时监控,灵活调配

分仓的建立,对于终端陈列也起了改进作用。"过去,一周发一次货,每次新款到货都会很多,不能呈现我们'多款式、小批量、多批次'的优势。"顾涛说,有了分仓以后,新货发到分仓之后,可以分批陈列到终端上,两三天出一批新货,可以展示更多主打产品,也可以不断给客户新鲜感。

而这样的改变,也让监控中心更灵活地监控和调配终端库存。"有些款式的服装,在这个终端卖得好,但在另一个终端销售并不理想,相互间就需要一个调配。以前都由监控中心根据销售情况在各终端之间调配。"顾涛说,有了分仓以后,就由分仓在其辐射区域内调配,这样可以保证调配的短途与及时。原则上,分仓与分仓或分仓与总仓之间较少调配,商品的调配主要在加盟店与加盟店之间,以及直营店和直营店之间进行。这种模式避免了货品的重复多次运输,大大降低了物流配送操作的复杂程度,简化了操作流程和管理难度。

3. 每天到货,断货率大减

虽然运营不到一年,但是物流分仓的优势已显示出来。"过去,我们每三天发一次货,但现在我们可以实现每天发货。"顾涛说,"这最直接的效果就是终端断货率大减。"此外,由于去掉中转环节,且都是短途运费,整个物流成本大大降低。"这几个月,我们的物流成本减了近三成。"顾涛说。

思考:同样一个企业、同样的经营业务,由于采用了不同的物流运作方式,节约运输成本近三成。诺奇的做法对降低运输成本有哪些启发?

任务一 运输成本概述

一、运输的概念

运输是物流作业中最直观的要素之一,指人和物的载运及输送。我国国家标准《物流术语》中对运输的定义是:"用设备和工具,将物品从一地点向另点运送的物流活动。其中,包括集货、分配、搬运、中转、装入、卸下和分散等一系列操作。"

运输与搬运的区别是:运输是较大范围的活动,而搬运是在同一地域之内的活动。运输是物流的基本功能之一,运输工作是物流工作中一个十分重要的环节,在整个物流过程中具有举足轻重的特殊地位。在现代生产中,生产越来越专门化、集中化,生产与消费被分割的状态越来越严重,被分割的距离亦越来越大。因此,运输的地位也越来越高。

二、运输成本的概念

货物运输的过程是实现货物"空间"位移的过程,这个过程产生了各种资源的耗费,如人工、车辆、装卸机械、燃料、配件、工具等的价值耗费,这些价值耗费就构成了运输成本。可见,运输成本是指一定时期内,企业为完成货物运输业务而发生的全部费用,包括支付外部运输费和自有车辆运输费。

三、影响运输成本的因素

影响运输成本的因素有很多,尽管这些因素并不是运费表上的组成部分,但在承运人制定运输费率时,都必须对每一个因素加以考虑。

1. 输送距离

输送距离是影响运输成本的主要因素,因为它直接对劳动、燃料和维修保养等变动成本发生作用。

关于距离和运输成本的关系,如图 6-1 所示。

(1)成本曲线不是从原点开始的,原点到曲线起点部分费用的存在与距离无关,但与货物的提取和交付活动所产生的固定费用有关。

(2)成本曲线的增长幅度是随距离增长而减少的一个函数,这种特征被称作递减原则,即输送距离越长,城市间的输送距离所占的比例趋于更高,而不是使市内的里程数更大。于是,承运人可以使用更高的速度,使城市间每千米单位费用相对较低,并且有更多的距离适用相同的燃料和劳动费用。

2. 载货量

载货量会影响运输成本,是因为大多数运输活动中存在着规模经济。这种关系如图6-2所示,它说明了每单位重量的运输成本随装载重量的增加而减少。这是因为提取和交付活动的固定费用及行政管理费用可以随载货量的增加而被分摊。实际上,这种关系会受到运输工具(如卡车)最大尺寸的限制。这种关系对管理部门产生的启示是:小批量的载货应整合成更大的载货量,以期利用规模经济降低运输成本。

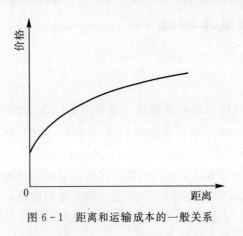

图6-1 距离和运输成本的一般关系　　图6-2 载货量与运输成本的关系

3. 货物的密度

货物的密度将质量和空间方面的因素结合起来考虑。这是因为运输成本通常表示为每单位质量所花费的数额,如每吨金额数等。在质量和空间方面,单独的一辆运输卡车会受空间限制,而不是受质量限制。即使该产品的质量很轻,车辆一旦装满,也不可能再增加装运数量。既然运输车辆实际消耗的劳动成本和燃料成本主要不受质量的影响,那么货物的密度越高,相对地可以把固定运输成本分摊到增加的质量上去,使这些产品所承担的每单位质量的运输成本相对较低。单位质量的运输成本随产品密度增加而下降的关系如图6-3所示。

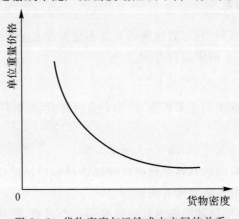

图6-3 货物密度与运输成本之间的关系

4. 货物的可靠性

货物的可靠性对容易损坏或者容易被偷盗的、单位价值高的许多货物（如珠宝及家用数字产品等）以及危险品而言，是非常重要的一个指标。货物运输时，需要承运人提供的可靠性越大，货物的运输成本就越高。为了尽可能降低运输的风险，承运人必须通过向保险公司投保来预防可能发生的索赔。托运人可以通过改善保护性包装，或通过减少货物灭失损坏的可能性，降低其风险，最终降低运输成本。

5. 装卸搬运

卡车、铁路车或船舶等的运输时可能需要特别的装卸搬运设备。此外，产品在运输和储存时实际所采用的成组方式，如用带子捆起来、装在托盘上或用集装箱等，这些也会影响到搬运成本。

6. 装载性能

装载性能是指产品的具体尺寸及其对运输工具（如铁路车、拖车或集装箱）空间利用程度的影响。有些货物可以完全填满运输工具（如火车车厢、货车车厢、管道等），因此它们具有良好的装载性能。而具有古怪的尺寸和形状，以及超重或超长等特征的产品，通常不能很好地进行装载，因此浪费运输工具的空间。虽然装载能力的性质与产品密度相关，但是很可能存在这样的情况，即具有相同密度的产品，其装载差异很大。一般来说，具有标准矩形的产品要比形状古怪的产品更容易装载。

7. 市场的竞争性

不同运输模式之间的竞争和同一运输模式之间的竞争往往会导致运输费用的波动。铁路、公路、航空及海运之间长期以来都存在着不同程度的竞争，有时为了赢得市场份额，提升企业的竞争力，会提供一些不同的价格策略或优惠策略。例如，相同起讫地的货物运输可采用不同的运输方式进行，运输速度较慢的那种运输方式往往只能实行较低的运价。

8. 运输市场的供需平衡性

运输通道流量和通道流量均衡等运输供需市场因素会影响到运输成本。运输通道是指起运地与目的地之间的移动，显然运输车辆和驾驶员都必须返回到起运地。因此，对他们来说，要么找一票货带回来，要么只能空车返回。当发生空车返回时，有关劳动、燃料和维修保养等费用仍然按照原先的全程运输支付。而理想的情况就是"平衡"运输，即运输通道两端的流量相等。然而，由于制造地点与消费地点的需求不平衡，通道两端流量相等的情况很少见。此外，这种平衡性也会受到季节性影响，这种需求的方向性和季节性会导致运输费率随方向和季节的变化而变化。

任务二 道路运输成本的构成与核算

汽车已成为道路运输的主要运载工具，现代道路运输主要指汽车运输。汽车运输是在道路上运送货物的最重要的中短途运输方式，也是交通运输系统的组成部分之一。研究汽车运输成本的构成与核算，对于降低运输成本意义重大。

一、汽车运输成本的分类与构成

汽车运输成本是以货币的形式来反映的完成一定运输工作量的全部费用,既包括物质资料的价值消耗,如车辆、装卸机械、房屋建筑、燃料、轮胎、配件、工具等的价值耗费,也包括活劳动价值消耗,如职工薪酬等。

1. 汽车运输成本的分类

(1)按经济用途分类。汽车运输成本构成按经济用途分类,可分为车辆直接费用和营运间接费用。

1)车辆直接费用是指企业营运车辆从事运输生产活动所发生的各项费用,包括职工薪酬、燃料费、轮胎费、修理费、车辆折旧费、养路费、公路运输管理费、车辆保险费、事故费、税金及其他费用等。

2)营运间接费用是指运输企业下属的分公司、车队、车站发生的营运管理费用,如薪酬、差旅费、办公费、折旧费等,但不包括企业行政管理部门(总公司或公司)的管理费用。

(2)按成本性态分类。汽车运输成本按成本性态分类,可分为固定成本和变动成本。

1)固定成本是指在一定的里程范围内,与行驶里程基本无关的那一部分相对固定的成本支出,如管理人员薪酬、营运间接费用、管理费用和其他费用。

2)变动成本包括两种:一是车公里变动成本,是指在汽车运输成本中,随行驶里程变动的成本,如营运车耗用燃料、营运车用轮胎、营运车维修费、按行驶里程计提的营运车辆折旧费等。这些成本费用,无论车辆是空驶或重载,均会发生,而且随行驶里程变动而变动。二是吨千米变动成本,是指随运输周转量变动而变动的成本,如吨千米燃料附加、按营运收入和规定比例计算缴纳的养路费、运输管理费(营运收入是周转量的正比函数,因此养路费与运输管理费是周转量的间接正比函数),以及按周转量计算的行车车补贴等。

> **知识链接**
>
> ### 道路运输的优缺点
>
> 道路运输的优点是:快速并且几乎不需要中转;灵活方便,可衔接其他运输,载重量可大可小;对不同的自然条件适应性强;项目投资少;便于开展"门到门"服务;近距离、中小量货物运输费用比较低;操作人员易培训。
>
> 道路运输的缺点是:载运量小、运输成本高、耗能大、环境污染严重。

2. 汽车运输成本的构成

(1)车辆直接费用。车辆直接费用可分为人工费、燃料费、轮胎费、修理费、车辆折旧费、养路费及运输管理费、车辆保险费、事故费及其他营运费用。

1)人工费。根据职工薪酬计算表中分配的金额计入有关成本。对于有固定车辆的司机及其随车人员的薪酬,应由有关车型的运输成本负担,将其实际发生数直接计入运输成本的人工费项目。没有固定车辆的后备司机的薪酬,应按营运车吨位或营运车日,分配计入有关车辆的分类运输成本。其计算公式:

$$每营运车吨位(或日)人工费分配额(元) = \frac{应分配的司机工资总额}{总营运车吨位(或日)}$$

某车型应分摊的司机人工费元 = 该车型实际总营运车吨位(或日) ×

每营运车吨位(或日)人工费分配额

2)燃料费。营运车辆消耗的燃料主要包括柴油、汽油等,应根据行车路单或其他有关燃料消耗报告所列实际消耗量计算计入成本。燃料消耗计算的范围与期间,应与车辆运行情况相一致,以保证燃料实际消耗量与当月车辆行驶总车公里和所完成的运输周转量相对应。

需要注意的是,燃料消耗要按实际耗用量计入成本费用,而燃料实际耗用量的确定方法,取决于企业对车存燃料的两种不同管理方式,即满油箱制和盘存制。

经营长途运输的企业,外地加油量较大,但油款结算较迟。为了及时计算燃料耗用量,可先按车队统计的燃料消耗数计入成本费用,等外地加油结算凭证到达后,与车队统计数进行核对,再按其差额调整燃料消耗成本。

知识链接

汽车燃料管理方法

满油箱制车存燃料管理是指营运车辆在投入运输生产活动时,按油箱容积加满燃料油作为车存燃料。车存燃料只是保管地点的转移,它仍属于库存燃料的一部分,不能作为燃料已经消耗。以后每次加油时,均加满油箱,补充其车存燃料的原来数量,车辆当月的加油数就是当月的耗用量。在车辆调出、停用、大修、改装时,必须办理退料手续。

盘存制车存燃料管理是指营运车辆在投入运输生产活动前,也需加满油箱,作为车存燃料,日常根据耗用量进行加油,月终时,对车存燃料进行盘点,可按下列公式确定实际耗用数:

当月耗用数 = 月初车存数 + 当月领用数 - 月末车存数

3)轮胎费。汽车轮胎费包括外胎费用、内胎费用、垫带及轮胎零星修补费用和轮胎翻新费用。后三项由于价值较低,可在领用或发生时一次直接计入成本。汽车外胎价值比较高,更换频繁。因此,除管理部门的车用轮胎在领用时一般按实际领用数计入成本费用外,营运车辆的轮胎费用可视不同情况采用以下方法计算。

一是一次摊销法。如果一次领用数量很少,为简化核算,可在领用时一次将轮胎的价值计入运输成本。

二是如果一次领用轮胎较多,可在受益期内按月分摊计入运输成本;还可以按行驶公里数预提的方法,这种核算方法是在新车开始运行后,便逐月按轮胎已行驶的千米数预提轮胎费用计入运输成本,待轮胎更换时,再用领用轮胎的价值冲减预提轮胎费用。以外胎为例,计算方法如下:

月末,按照轮胎的行驶里程和企业规定的胎公里摊销数,计算并预提本月在外轮胎应负担的轮胎费用,并计入成本。计算公式:

$$千胎公里摊提额(元/千胎公里) = \frac{外胎计划价格 - 计划净残值}{新胎到报废行驶里程定额/1\,000}$$

外胎的摊提费用,应按月计入运输成本。其计算公式:

$$某车型外胎应计摊提费用(元)=\frac{该车型外胎实际使用胎公里}{1\ 000}\times 千胎公里摊提额$$

报废的外胎,应按照新胎到报废的里程定额计算其超亏里程,并按月份车型分别计算其超亏行驶里程差异,调整运输成本。其计算公式:

$$某车型外胎超亏里程应调整成本差异(元)=\frac{该车型报废外胎超亏胎公里}{1\ 000}\times 千胎公里摊提额$$

4) 修理费。修理费包括车辆大修费用和日常保养及小修费用。

运输车辆大修既可由外部专门修理单位进行,也可由企业内部专设保养场(保修部门)进行大修。车辆大修理工程的特点主要表现为修理时间长、间隔时间长、费用高、修理范围大。通常均在费用发生时,其作为本期费用,一次计入本期成本。费用数额很大时,为均衡各期的成本费用,可在费用发生后按受益期分期核算计入营运成本,也可以采用预先提取大修理费的方法。

采用预先提取大修理费的方法时,在车辆进行大修理之前,按月提取大修理费用,计入当期成本费用,当实际发生大修理费时再冲减预提的费用,二者出现差额时,应调增或调减本项目。

营运车辆的大修理费用,按实际行驶里程计算预提,特种车、大型车可按使用年限计算预提。

一是按实际行驶里程计提时,其计算公式:

$$某车型营运车千车公里大修理费用预提额=\frac{预计大修理次数\times 每次大修理费用}{该车型新至报废行驶里程定额/1\ 000}$$

$$某车型营运车月大修理费用实际提存额=\frac{该车型营运车当月实际行驶里程}{1\ 000}\times$$

该车型营运车千车公里大修理费用预提额

二是按使用年限计提时,其计算公式:

$$某车型营运车月大修预理费用提取率=\frac{预计大修理次数\times 每次大修理费用}{该车型平均原值\times 预计使用年限\times 12}\times 100\%$$

某车型营运车月大修理费用提取额=该车型平均原值×某车型营运车月大修理费用提取率

汽车运输车辆的各级保养和小修理分别由车队保修班和企业所属保养场(保修部门)进行。这类费用包括车队保修工人的薪酬、行车耗用的机油和保修车辆耗用的燃料、润料和备品配件等,一般可以根据各项凭证汇总,全部直接计入各成本对象的成本。对于保修班发生的共同性费用,可按营运车日比例分配计入各车队运输成本。由保养场(保修部门)进行保修所发生的费用,属于辅助费用,在发生时先计入辅助营运费用,月末按受益对象进行分配后,计入有关成本费用。

5) 车辆折旧费。营运车辆折旧费是指车辆因使用磨损而逐渐转移到成本费用中去的价值。营运车辆的折旧,采用工作量法按实际行驶里程计算,特种车、大型车按年限平均法计算列入本项目。月终,根据固定资产折旧计算表,将提取的营运车车辆折旧额计入运输成本的车辆折旧项目内。

知识链接

折旧计算方法

1. 平均年限法。平均年限法的计算公式：

$$年折旧率 = \frac{1 - 预计净残值率}{预计使用年限} \times 100\%$$

$$月折旧率 = 年折旧率 / 12$$

$$月折旧额 = 固定资产原值 \times 月折旧率$$

平均年限法只考虑使用时间，未考虑使用强度。因而在一个期间内，不管仓库等设施设备使用的强度如何，其计提的折旧数额都是相等的。

2. 工作量法。工作量法的计算公式：

$$单位工作量折旧额 = \frac{固定资产原值 \times (1 - 净残值率)}{预计总工作量}$$

$$某项固定资产月折旧额 = 该项固定资产当月工作量 \times 单位工作量折旧额$$

工作量法是平均年限法的补充和延伸，适用于单位价值较高，但各月的工作量或工作时间数不均衡的固定资产。

3. 加速折旧法

(1) 双倍余额递减法。双倍余额递减法的计算公式：

$$年折旧率 = \frac{2}{预计使用年限} \times 100\%$$

$$年折旧额 = 期初固定资产账面净值 \times 年折旧率$$

$$月折旧额 = 年折旧额 / 12$$

在双倍余额递减法下，余额递减是指其计提的基数在逐渐减少，而折旧率始终保持不变。每一年的折旧额是按照仓库等设施设备的期初账面价值（包括残值）来计提的；最后两年将仓库等设施设备的账面价值减去净残值，改为直线法平均摊销。

(2) 年数总和法。年数总和法的计算公式：

$$年折旧率 = \frac{尚可使用年限}{年数总和} = \frac{预计使用年限 - 已使用年限}{年数总和}$$

$$年数总和 = \frac{预计使用年限 \times (预计使用年限 + 1)}{2}$$

$$年折旧额 = (固定资产原值 - 预计净残值) \times 年折旧率$$

或

$$年折旧额 = \frac{(固定资产原值 - 预计净残值) \times 尚可使用年限}{年数总和}$$

注意：为了不出现尾差，最后一年的折旧额应该用该固定资产净值减去前几年的折旧额倒算出来。

需要指出的是，使用平均年限法，每年的折旧额都是相等的；使用工作量法，每年的折旧额没有什么特定的模式，因为折旧额取决于对资产的使用，使用的越多，折旧额越大；而加速折旧法在资产使用的第一年折旧额最多，逐年递减，最后一年最少。

6)养路费及运输管理费。按运输收入的一定比例计算缴纳的企业,应按不同车型分别计算应缴纳的养路费和运输管理费,计入各分类成本;按车辆吨位于月初或季初预先缴纳养路费或运输管理费的企业,应根据实际缴纳数分摊计入各分类运输成本的本项目内。

7)车辆保险费。车辆保险费是按实际支付的投保费用和投保期,并按月分车型分摊计入各分类成本的本项目内。

8)事故费。营运车辆在营运过程中因碰撞、碾压、落水、失火、机械故障等原因而造成的人员死亡、牲畜死伤、车辆损失、物资毁损等行车事故所发生的修理费、救援费和赔偿费,以及支付给外单位人员的医药费、丧葬费、抚恤费、生活补助费等事故损失,在扣除向保险公司收回的赔偿收入及事故对方或过失人的赔偿金额后,计入有关分类成本的本项目内。在事故发生时,可预估事故损失并且费用较大的,可先预计事故费用,计入有关运输成本,期末采用当年结案事故的实际损失与预计数的差额,调整本年度有关运输成本,因车站责任发生货损、货差等事故损失,或因不可抗拒的原因而造成的非常损失等,应分别计入营运间接费用和营业外支出,不列入本项目。

9)其他营运费用。随车工具、篷布绳索、防滑链及司机的劳动保护用品等,应根据"周转材料发出汇总表"和"材料发出汇总表",将按各分类成本对象归集的费用数额,计入分类运输成本的项目内。

(2)营运间接费用。营运间接费用是指企业运营过程中发生的不能直接计入成本核算对象的各项间接费用,但不包括企业管理部门的管理费用,是通过营运间接费用账户进行归集和分配的。企业如实行公司和站、队两级核算制,则营运间接费用账户应按基层营运单位设置明细账,并按费用项目进行核算;如实行公司集中核算制,则可以不按基层营运单位设置明细账,而直接按费用项目进行明细核算。

月末,应将归集起来的营运间接费用分配转给各成本核算对象。实行公司和站、队两级核算制的企业,车站、车队等单位发生的营运间接费用(通称车站经费、车队经费)是分别设置明细账归集的。在分配时,车队经费可以分别直接计入车队运输成本;车站经费全部由运输业务负担,一般应按照车队营运车日比例分配计入车队运输成本。实行公司集中核算制的企业,各站、队发生的营运间接费用是合并设账归集的,归集起来的全部营运间接费用应按营运车日比例分配计入各车队运输成本。

汽车运输营运间接费用的分配包括以下两项内容。

1)车队管理费的分配,车队管理费应分配计入本车队各类车型的运输成本,为方便起见,其分配方法通常是先按车队发生的营运车辆的车辆费用和其他业务的直接费用比例,由运输业务和其他业务分摊,再按各类车辆的直接费用比例或营运车日比例由各类运输成本分摊。车队管理费初次分配的计算公式:

$$车队费用分配率 = \frac{当月车队费用总额}{运输业务直接费用 + 其他业务直接费用} \times 100\%$$

运输业务应分摊的车队费用(元)= 当月运输业务直接费用总额 × 车队费用分配率

车队管理费按各种车辆的直接费用比例分配的计算公式:

$$车队费用按车型分摊的分配率 = \frac{运输业务应分摊的车队费用}{该车队各车型营运车的直接费用} \times 100\%$$

某车型的营运车应分摊的车队费用(元)= 当月该车型营运车直接费用总额 × 车队费用按车型分摊的分配率

2)车站经费的分配。为简便起见,车站经费应在车站各种业务之间分配,通常按运输直接费用、其他业务直接费用比例分摊。运输业务负担的车站费用,应按车型类别的直接费用比例分摊。

【技能训练】

1. 企业运输车辆某车型原值 150 000 元,预计使用期限 10 年,预计大修理 4 次,每次大修理费用 15 000 元,该车型行驶里程定额为 500 000 千米,该车型某营运车辆本月行驶里程为 5 000 千米。

要求:(1)按行驶里程计算该营运车每月实际预提的大修理费用。

(2)按使用年限计算该车型月大修理费用提取额。

解:

(1)按行驶里程计算该营运车每月实际预提的大修理费用。

$$某车型营运车千车公里大修理费用预提额 = \frac{4 \times 15\,000}{500\,000/1\,000} = 120 \text{ 元/千车公里}$$

$$该营运车月大修理费用实际提取额 = 120 \times 5000/1000 = 600 \text{ 元}$$

(2)按使用年限计算该车型月大修理费用提取额。

$$该车型营运车月大修理费用提取率 = \frac{4 \times 15000}{150000 \times 10 \times 12} \times 100\% = 0.33\%$$

$$该车型营运车月大修理费用提取额 = 150000 \times 0.33\% = 495 \text{ 元}$$

2. 公司有两种运输车型,甲型车 6 辆,载重 8 吨;乙型车 2 辆,载重 6 吨。每辆车配备一名专职司机,每人工资 3 500 元;另有一名后备司机,工资 3 060 元。假设甲、乙两种车型每天都满载运输跑一趟,每月按 30 个工作日计算。

要求:计算甲、乙两种车型各自应负担的人工费。

解: 甲型车 = 6×8×1×30 = 1 440 车吨日

乙型车 = 2×6×1×30 = 360 车吨日

每营运车吨日后备司机人工费分配率 = 3 060/(1 440+360) = 1.7 元/车吨日

甲型车应分摊的后备司机人工费 = 1 440×1.7 = 2 448 元

乙型车应分摊的后备司机人工费 = 360×1.7 = 612 元

甲型车一共应分摊的司机人工费 = 6×3 500+2 448 = 23 448 元

乙型车一共应分摊的司机人工费 = 2×3 500+612 = 7 612 元

3. 公司某车型一次领用轮胎 20 个,每个 2 600 元,该批轮胎计划残值 1 800 元,这些新轮胎行驶里程定额为 500 万千米。

要求:(1)计算千胎千米摊提费额。

(2)若该批轮胎某月行驶 12 万千米,计算该月应摊提轮胎费用。

解:

(1)千胎千米摊提费额 = (20×2 600−1 800)/5 000 000/1 000 = 10.04 元/千胎千米

(2)该车型本月应摊提轮胎费用 = 120 000/1 000×10.04 = 1 204.8 元

二、汽车运输成本的核算

汽车运输企业的成本核算与企业的营运范围、管理体制和规模大小及生产组织机构有关。

一般来说,核算程序共有七步。

1. 确定汽车运输成本对象

汽车运输成本核算对象是企业的各项运输业务,也是各项营运费用的承担者。汽车运输企业的营运车辆其车型较为复杂,为了反映不同车型货车的运输经济效益,应以不同燃料和不同厂牌的营运车辆作为成本核算对象。对于以特种大型车、集装箱车、零担车、冷藏车、油罐车等从事运输活动的企业,还应以不同类型、不同用途的车辆,分别将其作为单独的成本核算对象。

2. 确定汽车运输成本计算单位

汽车运输成本计算单位,是以汽车运输工作量的计量单位为依据的。货物运输工作量,通常称为货物周转量,其计量单位为"吨千米",即实际运送的货物吨数与运距的乘积。为计量方便起见,汽车运输通常以"千吨千米"作为成本计算单位。

大型车组的成本计算单位可为"千吨位小时",集装箱车辆的成本计算单位为"千标准箱公里"。需要特别提醒的是汽车运输中货物的位置移动不但与数量有关,还与距离有关。

知识链接

集装箱计算标准

集装箱以 20 英尺为标准箱,小于 20 英尺箱的,每箱按 1 标准箱计算;40 英尺箱或其他大于 20 英尺箱的集装箱,每箱按 1.5 标准箱计算。其他特种车辆,如零担车、冷藏车、油罐车等运输业务,其运输工作量仍以"千吨千米"为成本核算计量单位。

3. 确定汽车运输成本期间

汽车运输成本应按月、季、年计算从年初至各月末止的累计成本。营运车辆在经营跨月运输业务时,一般不计算在产品成本,以行车路单签发日期所归属的月份计算其运输成本。

4. 确定汽车运输成本项目

由于运输成本核算的复杂性,也可以根据情况归集为车辆直接费用和营运间接费用。车辆直接费用项目包括人工费、燃料费、轮胎费、修理费、车辆折旧费、养路费、车辆保险费、事故费、税金(按规定缴纳的车船使用税)及其他费用。

5. 进行汽车运输费用的归集与分配

若某项汽车运输费用发生时,属于能直接确认成本对象的直接费用,可直接归集计入该对象的成本;若属于不能直接确认成本对象的间接费用,需要计入营运间接费用进行归集,经过分配后计入相关对象的成本。

6. 登记账簿

要正确计算各种对象的成本,必须正确编制各种费用分配表和计算表,成本计算过程要有完整的记录,即通过有关的会计凭证、会计账户及计算表等来记录全过程,并且登记各类有关的明细账,计算出各种物流对象的成本。

7. 计算汽车运输成本

汽车运输成本是通过车辆费用和营运间接费用等会计账务处理进行归集和分配的,从而计算出运输总成本和单位成本。运输各项费用账户按货车车型、大型车组、集装箱车、特种车等成本对象,设立运输成本明细账。营运间接费用账户按车队管理费、车站经费等设立费用明细账。企业营运车辆所发生的直接费用,根据运输费用分配表计入运输成本明细账有关项目。月终再根据有关账户记录,计算各成本对象的总成本和单位成本。

(1)总成本的计算。总成本即是成本核算期内,各运输成本对象的成本总额之和。

(2)单位成本的计算。单位成本是指成本核算期内,按成本对象完成单位运输周转量(千吨千米)的成本额。其计算公式:

$$某运输成本对象的单位成本 = \frac{该成本对象当月运输成本总额}{该成本对象当月运输周转量}$$

对于不按吨千米计算其营运成果的大型平板车、集装箱专用车等,应按照各自计算营运成果的"千吨位小时""千标准箱公里"计算其运输单位成本。

【技能训练】

4.某生产制造企业本月有关账户资料如下:销售费用——运输费149 500元,查相关资料,外部运输队行驶里程数23 000千米,其中材料采购阶段行驶里程数7 000千米,产品销售阶段行驶里程数16 000千米。销售费用——汽车3 510元,经查资料,该费用主要是汽车维修维护及燃料动力费,其中一部分为从事零星物流业务发生的费用,根据资料,该车辆本月共行驶2 700千米,用于零星物流业务的运输里程数为800千米,其中采购阶段500千米,销售阶段300千米。

核算:供应阶段和销售阶段的物流运输成本。

解:运输费和运输作业维护费需要在供应阶段和销售阶段分配。

外付运输费分配率=149 500/(7 000+16 000)=6.5元/千米
　　供应阶段负担的外付运费=7 000×6.5=45 500元
　　销售阶段负担的外付运费=16 000×6.5=104 000元
　　运输作业维护费分配率=3 510/2 700=1.3元/千米
　　供应阶段运输作业维护费=500×1.3=650元
　　销售阶段运输作业维护费=300×1.3=390元

计入有关物流成本辅助账簿:
物流成本——运输成本——供应物流成本——委托物流成本　45 500
　　　　——销售物流成本——委托物流成本　104 000
　　　——运输成本——供应物流成本——维护费　650
　　　　——销售物流成本——维护费　390
供应阶段的物流运输成本=45 500+650=46 150元
销售阶段的物流运输成本=104 000+390=104 390元

任务三　水路运输成本的构成与核算

水路运输是指利用在江、海、湖泊、人工水道运送旅客和货物的一种输方式。水路运输按航行的区域,大致可分为海洋运输和内河运输两种。海洋运输根据船航行的海域范围不同,可分为沿海运输和远洋运输,本书以海洋运输为例来研究水路运输成本的构成与核算的问题。

一、海洋运输成本的分类

海洋运输成本是在完成海上运输生产过程中所发生的生产耗费的总和。海洋运输成本总体上可分为船舶费用和营运间接费用两类。

船舶费用是指运输船舶从事运输业务所发生的各项费用,包括为保持船舶正常营运状态而发生的船舶经常性费用,船舶在航行过程中所发生的航行费用及船舶在各港口所发生的港口费用和代理业务费用。

营运间接费用是指企业为管理和组织经营业务所发生的各项营运费用和业务费用。

远洋运输企业因为要核算航次成本,因而还须将船舶费用分为"航次营运费用"和"船舶固定费用"两部分,且下面各设若干费用项目。沿海运输企业如要核算航次运输成本或由于管理需要,也可按船舶费用划分为航次运行费用和船舶固定费用。船舶固定费用则需要通过分摊,计入航次成本,在营运期间企业租入船舶时,船舶发生的租赁费也应设立专项进行反映。

📖 知识链接

水路运输的优缺点

水路运输的优点是:利用天然水道,进行大吨位、长距离运输,运量大,成本低;对货物的载运和装要求不高,占地少;对于海上运输来说,通航能力几乎不受限制。

水路运输的缺点是:航速较低,不能将货物快速送达目的地;受自然条件(特别是气候)影响比较大。

二、海洋运输成本的构成与核算

海洋运输企业的成本项目可分为船舶费用和营运间接费用两大类,船舶费用包括航次运行费用和船舶固定费用,如有租赁船舶营运时,还包括船舶租赁费用;如有集装箱运输,还应包括集装箱固定费用(这些船舶费用都已扣除了与运输无关部分)及船舶共同发生的费用。

1. 航次运行费用

航次运行费用是指船舶在运输生产过程中发生的、可以直接归属于航次负担的费用。航次运行费用受货种、运量、运距、航次时间、靠港次数,运费等因素的影响,具体包括以下九项内容。

(1)燃料费。其指船舶在营运期内航行、装卸、停泊等时间内耗用的全部燃料费用。

(2)港口费。其指船舶在营运期内进出港口、停泊、过境等应付的港口费用,如港务费、船舶吨税、引水费、停泊费、拖轮费、航道养护费、围油栏费、油污水处理费、船舶代理费、运河费、海峡费、灯塔费、海关检验费、检疫费、移民局费用等。

(3)货物费。其指运输船舶载运货物所发生的应由船方负担的业务费用,如装卸工工资、使用港口装卸机械费、理货费、翻舱费、货物代理费、货物检验费、货物保险费等。

(4)集装箱货物费。其指集装箱装卸费、集装箱站场费用、集装箱货物代理费等。

(5)中转费。其指船舶载运的货物到达中途港口换装其他运输工具运往目的地,在港口中转时发生的应由船方负担的各种费用,如汽车接运费、铁路接运费、水运接运费、驳载费等。

(6)垫隔材料费。其指船舶在同一货舱内装运不同类别货物需要分票、垫隔或装运货物需要防止摇动和移位及货物通风需要等耗用的木材、隔货网、防摇装置、通风筒等材料费用。

(7)速遣费。其指装卸协议的营运船舶，提前完成装卸作业，按照协议支付的速遣费用。

(8)事故损失费。其指船舶在营运生产过程中发生海损、机损、货损、货差、火警、污染、人身伤亡等事故的费用，包括施救、赔偿、修理、诉讼、善后等直接损失。

(9)航次其他费用。其指不属于以上各项费用但应由航次负担的其他费用，如淡水费、通信导航费、交通车船费、邮电费、清洁费、国外港口接待费、航次保险、领事签证、代理行费、业务杂支、冰区航行破冰费等。

2. 船舶固定费用

船舶固定费用是指为保持船舶适航状态所发生的费用，具体包括以下八项内容。

(1)人工费。其指应付船员的各类工资、奖金、津贴、职工福利、伙食费、补贴等按有关规定由成本负担的支出。

(2)润料费。其指船舶耗用的各种润滑油剂的费用。

(3)物料费。其指船舶在运输生产中耗用的各种物料、低值易耗品的实际成本。

(4)船舶折旧费。其指企业确定折旧方法按月计提的折旧费。

(5)船舶修理费。其指已完工的船舶实际修理费支出，日常维护保养耗用的修理用料、备品配件等以及船舶技术改造大修理费摊销的支出。

(6)保险费。其指企业向保险公司投保的各种船舶险、运输船员的人身险及意外伤残险所支付的保险费用。

(7)税金。其指企业按规定缴纳的车船使用税。

(8)船舶非营运期费用。其指船舶在非营运期(如厂修、停航自修、事故停航等)内发生的燃料费、港口费等相关费用。

3. 集装箱固定费用

集装箱固定费用是指企业自有或租入的集装箱在营运过程中所发生的固定费用，具体包括以下七项内容。

(1)保管费。其指空箱存放在堆场所支付的保管费等。

(2)折旧费。其指自有集装箱按集装箱价值和规定折旧率按月计提的折旧费。

(3)租赁费。其指租入集装箱按规定应列入成本的租赁费用。

(4)修理费。其指集装箱修理用配件、材料和修理费用。

(5)保险费。其指向保险公司投保的集装箱安全险所支付的保险费用。

(6)底盘车费用。其指企业自有或租入的集装箱底盘车发生的保管费、折旧费、保险费、修理费等。

(7)其他费用。其指不属于以上项目的集装箱固定费用，如清洁费、熏箱费等。

4. 船舶租赁费

船舶租赁费用是指企业租入运输船舶参加营运，按规定应支付给出租人的租费。

6. 船舶共同费用

船舶共同费用是指由船舶共同负担，需经过分配由各船负担的船员费用和船舶业务费，具体包括以下十项内容。

(1)人工费。人工费包括替补公休船员、后备船员、培训船员等按规定支付的工资津贴、补贴、福利费等。

(2)船员服装费。其指根据规定发给船员的服装费和零星服装补助费。

(3)船员差旅费。船员差旅费包括船员报到、出差、学习、公休、探亲、调遣等发生的差旅费。

(4)文体宣传费。其指用于船员文娱、体育活动和对外宣传购置的书报杂志、电影片、录像带、幻灯片等支出。

(5)广告及业务活动费。其指通过报刊、电台、电视、画册、展览等进行广告、宣传及船舶为疏港、揽货、业务联系支付的业务费。

(6)单证资料费。单证资料费包括客货运输业务印制使用的客运票据、货运提单、舱单、航海图书、技术业务资料及这类单证资料的寄递费用。

(7)船员疗养、休养费。其指因船员工作环境特殊,企业为船员安排疗养、休养的支出。

(8)通信费。指通过电台、电缆、卫星、高频电话等通信联络,所发生的国内外通信费用等。

(9)其他船舶共同费用。其他船舶共同费用包括船员体检费、签证费、油料化验费、技术进步和合理化建议奖等。

(10)其他船舶固定费用。其他船舶固定费用不属于以上各项的其他船舶固定费用,如船舶证书费、船舶检验费、船员劳动保护费等。

6. 营运间接费用

营运间接费用是指企业营运过程中所发生的不能直接计入成本核算对象的各种间接费用。营运间接费用具体包括企业各个生产单位(分公司、船队),为组织和管理运输生产所发生的运输生产管理人员薪酬、折旧费、租赁费(不包括融资租赁)、修理费、材料物料消耗、低值易耗品、取暖费、水电费、办公费、会议费、差旅费、运输费、保险费、设计费、试验检查费、劳动保护费、警卫消防费及其他营运间接费用。

任务四 铁路运输成本的构成与核算

铁路运输在我国运输体系中占有明显的优势,是我国货运量最大的运输方式,按我国铁路技术条件,现行的铁路货物运输种类可分为整车、零担和集装箱三种。

一、铁路运输成本的特点与构成

1. 铁路运输成本的特点

铁路运输成本是铁路运输企业为完成旅客和货物运输任务而消耗的、以货币形式表现的一切费用支出。铁路运输成本的特点表现在以下五点。

(1)没有原料支出,固定资产折旧费占较大比重。铁路运输过程是使旅客和货物发生位移,并不产生别的有形物质,但固定资产价值高,折旧费用比重大。

(2)运输成本和运输距离的关系比较复杂。按照运输作业过程来说,铁路运输成本是由始发和到达作业支出、中转作业支出、运行作业支出三部分组成。其中,运行作业支出所占比重最大,随运输距离的长短而增减;中转作业支出随中转次数的增加而增加;始发和到达作业支出对于运送同一批货物来说是固定的,并不随运输距离而变化,而其所占比重会变化,运输距离越长。

(3)与行车量无关的支出对运输成本影响较大。按铁路运输支出同行车量的关系来说,铁路运输成本由与行车量有关的支出和与行车量无关的支出所组成。在一定时期内,与行车量无关的支出占运输成本比较大,并且是固定成本。当运量下降时,成本中与行车量无关的支出所占比重增加,运输成本随之提高。当运量增长时,成本中与行车量无关的支出所占比重减少,运输成本随之降低。

(4)全国铁路的运输成本才能反映完整的成本。铁路运输常常要跨越几条铁路线,由几个铁路运输企业共同配合完成,所耗费的运输支出,应由有关铁路运输企业共同负担。因此,全国铁路的运输成本才是完整的成本,而各铁路运输企业的成本则是相对完整的成本。

(5)客货运的混合支出在运输支出中所占比重较大。在分别计算客运的、货运的运输成本时,要把混合支出予以分开。因此,需要分配计入的支出所占比重较大。

知识链接

铁路运输的优缺点

铁路运输的优点是:承运能力大,适合大批量长距离运输;一般不受气候和自然条件影响,准时性强;可方便地实现集装箱运输及多式联运;安全系数比较大;运输网络四通八达,可满足远距离运输。

铁路运输的缺点是:建设投资大、周期长、成本高;运输时间较长;货损率相对比较高;不能实现"门到门"服务。

2. 铁路运输成本的构成

铁路运输成本主要包括以下七项费用。

(1)司机及其随车工作人员的工资、行车津贴、福利费和五险一金等应由有关车型运输成本负担的人工费用。

(2)办理客货运输的费用。

(3)运输准备和列车运行的费用。

(4)运营单位固定资产维修、保养费用,以及不构成固定资产的设备工具、备品、仪器等补充、维修、保养费用。

(5)按规定应列入运输成本的固定资产折旧费、集中费。其中,集中费指由铁道运输部门审定经营计划,分配各铁路局列入运输成本的费用。

(6)按规定列入运输成本的非生产性费用。

(7)营运间接费用。

二、铁路运输成本的核算

1. 确定铁路运输成本对象

铁路运输以客货运业务为铁路运输成本对象,具体以每种车型计算成本,进而计算出每列车的成本。铁路运输成本计算单位为元/万吨千米。

2. 确定铁路运输成本项目和期间

为了成本计算的需要,对以上各项费用按性质可分为七大类,形成铁路运输营运成本项目,主要包括人工费、材料费、燃料费、电力费、折旧费、其他费用和营运间接费用七项。

铁路运输作业是由铁路沿线许多基层单位共同完成的,可以按月计算。然而,按月计算成本工作量大,因此有些成本可以按年或季度作为成本计算期间。

3. 进行铁路运输费用的归集与分配,登记账簿

若某项铁路运输费用发生时属于能直接确认成本对象的直接费用,可直接归集计入该对象的成本;若属于不能直接确认成本对象的间接费用,需要计入营运间接费用进行归集,经过分配后计入相关对象的成本。

4. 计算铁路运输成本

铁路运输其生产与销售是不能截然分开的,而且某些费用也难以区别用于生产或销售,因此铁路运输企业一般只计算完全成本。

> **知识链接**
>
> **铁路运输成本的分析与计算**

正确计算铁路运输各种对象的成本,必须正确编制各种费用分配表和计算表,成本计算过程要有完整的记录,即通过有关的会计科目、明细账或计算表来完成计算的全过程。并且登记各类有关的明细账,计算出各种物流对象的运输总成本和运输单位成本。

常用的铁路运输成本计算方法有两种。

(1) 换算吨千米成本的计算方法。换算吨千米是客货运输量的综合指标,即将旅客人千米数按照一定的换算比率折合成吨千米,再和货物计费吨千米相加而得。

我国铁路目前的换算比率为1∶1,即

换算吨千米数＝旅客人千米数＋货物计费吨千米数

(2) 旅客及货物运输成本的计算方法。客运和货运是铁路运输中两种不同性质的业务,为了考核客运和货运的各自成本水平,有必要分别计算旅客人千米成本和货物吨千米成本。为了计算旅客运输成本和货物运输成本,必须将运输支出划分为货运支出和客运支出。与旅客运输有关的费用,全部列入客运支出;与货物运输相关的费用,全部列入货运支出;与客货运输都相关的费用,先归集再按适当的指标分配到客运和货运支出。

任务五 航空运输成本的构成与核算

航空运输也称为商业运输,是指以航空器进行经营性的客货运输的航空活动,是交通运输系统的一个重要组成部分。航空运输以盈利为目的。航空运输虽然成本比较高,但从总成本考虑,有其优势。随着世界经济一体化、信息化的发展,航空运输的作用将日益增大。

一、航空运输成本的特征与构成

1. 航空运输的特征

航空货物运输起步晚,但发展快速,具有其他运输方式不可比拟的优越性。航空动输的特

征表现在以下四点。

(1)运送速度快捷。到目前为止,飞机依然是最快捷的运输工具,对于易腐烂变质的鲜活食品、时效性强的报刊、节令性商品、抢险救援物品等的运输,这一特点尤为突出。

(2)不受地面、地理条件限制。对于地面条件恶劣、交通不便的地区,航空运输非常适合,其占用土地资源少,有利于当地资源的流动,有利于本地与世界相连,对外的辐射面广。

(3)安全、准确性高。与其他运输方式比较,航空运输安全性较高;航空公司管理制度完善,货物破损率低。

(4)节约包装、保险、利息等费用。

2. 航空运输成本的构成

航空运输成本是指航空运输企业对外提供运输服务所发生的各项费用支出,主要包括飞机费用和营运间接费用。

(1)飞机费用。飞机费用大部分是直接费用,费用发生时,可直接计入有关的机型成本。

1)空勤人员人工费可按照所飞机型分配计入各机型成本,乘务员工资按照各机型乘务员配备标准及本月飞行小时比例分配。

2)航空燃料消耗包括飞机在飞行中或在地面检查试车时所消耗的航空油料和润滑油。飞机加油地点分散,油款的结算又不及时,对航空燃料消耗一般采用预提的办法。

3)飞机、发动机折旧费采用两种办法计提折旧费:一是按照实际飞行小时计提折旧;二是按照年限计提折旧。

4)飞机大修理费是指各机型飞机定时进行大修所发生的费用,可采用预提大修理或大修理后分期摊销的办法进行计算。

5)飞机租赁费是指经营性租入飞机所支付的租赁费,可采用按月预提或摊销的办法进行计算。

6)飞机保险费包括飞机险、战争险、旅客和货物意外险、第三者责任险等,一般采用待摊的方式,按月平均摊入飞机保险费项目。

7)飞机起降服务费包括飞机在国内外机场按协议或规定支付的起降费、停场费、夜航设施费、地面服务费、通信导航费以及特种车辆设备的使用费;飞机飞跃国外领空,按照协议或规定支付的过境费;借用外航空勤人员在该局飞机上工作,按协议支付的费用。

8)旅客供应服务费可按照旅客实际领用数分别计价,直接计入有关的机型成本。

9)飞机维修费是指飞机因维护检修所发生的费用及零附件的修理费用。飞机维修费包括材料费、人工费和间接维修费。

(2)营运间接费用。营运间接费用是指航空公司在执行航空运输业务过程中发生的、不能直接计入机型成本、需按照一定标准进行分配的费用。

知识链接

航空运输的优缺点

航空运输的优点是:速度快是航空运输最大的优点;安全性高;包装要求低,破损少。

航空运输的缺点是:受气候条件限制;可达性比较差,地区不能离机场太远;运费偏高,重量受到限制；产品的可替代性强。

二、航空运输成本的核算

1. 确定航空运输成本对象

航空运输成本核算一般以每种机型为成本对象归集和分配各类费用，计算每种飞机的机型成本，在此基础上再进一步计算和考核每种飞机的运输周转量的单位运输成本。

2. 确定航空运输成本项目和成本期间

航空运输成本项目可分为飞机费用和营运间接费用。一般航空运输企业以月份作为成本期间。

3. 进行航空运输费用的归集与分配，登记账簿

若某项航空运输费用发生时属于能直接确认成本对象的直接费用，可直接归集计入该对象的成本；若属于不能直接确认成本对象的间接费用，需要计入营运间接费用进行归集，经过分配后计入相关对象的成本。

4. 计算航空运输成本

正确计算各种对象的成本，必须正确编制各种费用分配表和计算表，成本计算过程要有完整的记录，即通过有关的会计科目、明细账或计算表来完成计算的全过程。此外，登记各类有关的明细账时，要计算出各种物流对象的运输总成本和运输单位成本。

任务六　运输成本的优化

一、运输合理化的影响因素

所谓运输合理化，是指在实现社会产销联系的过程中，选取达到运距短、运力省、运费低、速度快的最佳运输路线和运输方式所组织的货物运输。由于运输是物流中最重要的功能要素之一，物流合理化在很大程度上依赖于运输合理化。运输合理化的影响因素很多，起决定性作用的有以下五点，称作合理运输的"五要素"。

1. 运输距离

在运输时，运输时间、运输货损、运费、车辆或船舶周转等运输的若干技术经济指标都与运输距离有一定比例关系，运输距离长短是判断运输是否合理的一个最基本的因素。缩短运输距离从宏观、微观角度都会带来好处。

2. 运输环节

每增加一次运输，不仅会增加起运的运费和总运费，而且还增加运输的附带活动，如装卸、包装等，各项技术经济指标也会因此下降。因此，减少运输环节，尤其是同类运输工具的环节，对合理运输有促进作用。

3. 运输工具

各种运输工具都有其优势领域，对运输工具进行优化选择，按运输工具特点进行装卸运输作业,发挥所用运输工具的最大作用,是运输合理化的重要一环。

4. 运输时间

运输是物流过程中需要花费较多时间的环节,尤其是远程运输,运输时间占全部物流时间的绝大部分。因此,缩短运输时间对整个流通时间的缩短影响巨大。此外,运输时间短,有利于运输工具的加速周转,充分发挥运力的作用;有利于货主资金的周转;有利于运输线路通过能力的提高。

5. 运输费用

运输费用在全部物流费用中占很大比例,运输费用高低在很大程度上决定整个物流系统的竞争能力。实际上,运输费用的降低,无论对货主企业来说,还是对物流经营业来说,都是运输合理化的一个重要目标。最大限度地降低运输费用,也是各种合理化运输实施是否行之有效的最终判断依据之一。

二、控制运输成本的重要性

目前,我国社会闲散运输能力出现过剩趋势,货源不足、超载和压价现象十分普遍。在这种情况下,国内物流界对运输成本的控制容易产生一种错觉,认为货物运输成本压缩空间不大。实际上,国内的绝大部分企业在货物运输的过程中都存在着十分巨大的浪费现象。缩短及理顺运输中的各个环节仍大有文章可作。在国内的运输领域中,低价运输比例过大,"门到门"运输服务不仅有限而且覆盖范围不广,运输服务在时间的保证性上较差,货物运输的集货、分拣、组配等水平有限,不同运输模式的联运效率较低。种种现象显示,物流运输成本控制还没有得到切实有效的控制,效应作为物流成本控制的重点内容加以研究。

三、物流运输成本的优化措施——开展合理运输

1. 充分发挥运输各要素的能力

(1)提高运输工具实载率。提高实载率的意义在于充分利用、控制运输工具的额定能力,减少空驶和不满载行驶的时间。提高装载效率是组织合理运输、提高运输效率和降低运输成本的重要内容。一方面,提高运输工具实载率是最大限度地利用车辆载重吨位;另一方面,提高运输工具实载率是充分使用车辆装载容积。其主要做法有以下三种。

1)组织轻重配装。组织轻重配装即把实重货物和轻泡货物组装在一起,既可充分利用车船装载容积,又能充分利用载重吨位,以提高运输工具的使用效率,降低运输成本。

2)实行解体运输。对一些体积大、笨重、不易装卸又容易碰撞致损的货物,如自行车、缝纫机和科学仪器、机械等,可将其拆卸装车,分别包装,以缩小所占空间,并易于装卸和搬运,以提高运输装载效率,降低单位运输成本。

3)高效的堆码方法。根据车船的货位情况和不同货物的包装形状,采取各种有效的堆码方法,如多层装载、骑缝装载、紧密装载等,以提高运输效率。当然,推进物品包装的标准化,逐步实行单元化、托盘化,是提高车船装载技术的一个重要条件。

(2)减少劳动力投入,增加运输能力。在运输设施建设已定型和完成的情况下,尽量减少能源投入,提高产出能力,降低运输成本。

(3)选择合理的运输方式,降低运输成本,主要包括以下四点。

1)选择合适的运输工具。在交通运输事业日益发展、各种运输工具并存的情况下,必须注意选择运输工具和运输路线。要根据不同货物的特点,分别利用铁路、水运或汽车运输,选择最佳的运输路线。同时,积极改进车辆的装载技术和装载方法,可以提高装载量,运输更多的货物,提高运输生产效率。

2)实行联合运输。实行综合一贯制运输,即卡车承担末端输送的复合一贯制运输是复合一贯制运输的主要形式,在一般情况下两者是相同的。综合一贯制运输是把卡车的机动灵活和铁路、海运的成本低廉(即便利和经济)及飞机的快速特点组合起来,完成"门到门"的运输;是通过优势互补,实现运输效率化、低廉化、缩短运输时间的一贯运输方式。如卡车—铁路—卡车,卡车—船舶—卡车,卡车—飞机—卡车,卡车—船舶—铁路—船舶—卡车,卡车—船舶—卡车—飞机—卡车等。交通运输部门的制度规定,凡交通部门直属运输企业,对复合一贯制运输的运费一律核减15%;地方经营船舶运输时,运费一律核减15%。复合运输中发货单位在发货时,只要在起始地一次办理好运输手续,收货方在指定到达站即可提取运达的商品。它具有一次起运、手续简便、全程负责的好处。

因此,综合一贯制运输是指充分利用铁路、汽车、船舶和飞机等各自的特点,并组合其中两种以上的运输方式的运输。

3)开展国际多式联运。国际多式联运是一种高效的运输组织方式,它集中了各种运输方式的特点,扬长避短,融汇一体,组成连贯运输,达到简化货运环节、加速货运周转、减少货损货差、降低运输成本、实现合理运输的目的,比传统单一运输方式具有不可比拟的优越性。在多式联运方式下,无论全程运输距离多远,需要使用多少种不同运输工具,中途需要经过多少次装卸转换,一切运输事宜由多式联运经营人统一负责办理。对货主来说,只办理一次托运,签订一个合同,支付一笔全程单一运费,取得一份联运单据,就履行全部责任,可以节约大量的手续费用及中转费用等。

多式联运是直达、连贯的运输,各个运输环节配合密切,衔接紧凑,中转迅速而及时,中途停留时间短。此外,多式联运以集装箱为主体,货物封闭在集装箱内,虽经长途运输,无须拆箱和搬动,这样既减少了货损货差,也可以防止污染和被盗,能够较好地保证货物安全、迅速、准确、及时地运到目的地。

货物在启运地被装上第一程运输工具后,货主就可以凭承运人签发的联运提单到银行结汇,这样就可以加快资金周转,节省利息支出。使用集装箱运输,可以节省货物包装费用和保险费用。此外,多式联运全程使用一份联运单据,简化了制单手续,可节省大量时间、人力和物力,而且由于多式联运经营人以包干方式收取全程单一运价,使货主能事先核算运输成本,为贸易的开展提供了有利条件。

4)分区产销平衡合理运输。在物流活动中,对某一货使其一定的生产区固定于一定的消费区。根据产销的分布情况和交通运输条件,在产销平衡的基础上,按照近产近销原则,使运输里程最短而组织运输活动。它加强了产、供、运、销等的计划性,消除了过远、迂回、对流等不合理运输,在节约运输成本及费用后,降低了物流成本。在实践中,它适用于品种单一、规格简单、生产集中、消费分散或者生产分散、消费集中且调运量大的货物,如煤炭、水泥、木材等。

2. 设计合理的运输方案

根据不同的运输内容设计合理的运输方案,可以有效地降低物流运输成本。

(1)直达运输。直达运输是追求运输合理化的重要形式。其对合理化的追求要点是通过减少中转过载换载次数,来加快运输速度,节省装卸费用,降低中转货损。直达的优势,尤其是在一次运输批量和客户一次需求量达到了一整车时表现最为突出。此外,在生产资料、生活资料运输中,通过直达可建立稳定的产销关系和运输系统,这用最有效的技术来实现这种稳定运输考虑有利于提高运输的计划水平,从而大大提高运输效率。特别值得一提的是,如同其他合理化措施一样,直达运输的合理性也是在一定条件下才会有所表现,不能绝对认为直达一定优于中转,要根据客户的要求,从物流总体出发做综合判断。从客户需要量看,批量大到一定程度时,直达是合理的;批量较小时,中转是合理的。

(2)配载运输。配载运输是充分利用运输工具载重量和容积,合理安排装载的货物及载运方法以求得合理化的一种运输方式。配载运输也是提高运输工具实载率的一种有效形式。配载运输往往是轻重货物的混合配载,在以重质货物运输为主的情况下,同时搭载一些轻泡货物,如海运矿石、黄沙等重质货物,在舱面搭运木材、毛竹等,铁路运矿石、钢材等重物上面搭运农、副产品等,在基本不增加运力投入、不减少重质货物运输的情况下,实现了轻泡货的搭运,效果显著。实行解体运输,即将体大笨重且不易装卸又易致损的货物拆卸后分别包装,使其便于装卸和搬运,提高运输装载效率;提高堆码技术,即根据运输工具的特点和物品的包装形状,采取有效堆码方法,提高运输工具的装载量等。

(3)直拨运输。直拨运输是指商业、物资批发等企业在组织货物调运过程中,对于当地生产或由外地到达的货物,不运进批发站仓库,而是采取直拨的方式,将货物直接分拨给基层批发、零售中间环节甚至直接分拨给用户,以减少中间环节,并在运输时间与运输成本方面收到双重的经济效益。在实际工作中,通常采用就厂直拨、就车站直拨、就仓库直拨、就车船过载等具体运作方式,即"四就"直拨运输。与直达运输里程远、批量大相比,直拨运输的里程较近、批量较小。

(4)合整装载运输。合整装载运输这主要是指商业、供销等部门的杂货运输中,由同一个发货人将不同品种发往同一到站、同一个收货人的少量货物组配在一起,以整车方式运输至目的地;或将同一方向不同到站的少量货物集中配在一起,以整车方式运输到适当的中转站,然后分运至目的地。采取合整装车运输,可以降低运输成本和节约劳动力。在实际工作中,通常采用零担拼整直达、零担拼整接力直达或中转分运、整车分卸、整装零担等运作方式,实现物流运输方案的合理化。在研究不同物流运输服务方案时,应考虑以下几个方面:运输方式的选择,运输路线的确定,运输工具的配备,运输计划的制订,运输环节的减少,运输时间的节省,运输质量的提高,运输费用的节约,运输作业流程的连续性,等等。

四、物流运输成本的优化措施——运输成本控制策略

1. 压缩单位商品的运输成本

压缩单位商品运输成本的能力取决于物流活动过程中由谁控制商品运输和对商品运输过程的控制力度。供应商、购货商、运输服务商决策管理过程相互独立,小型生产企业自营运输,都不利于对运输成本的控制。

从单位商品(或单位物品)运输成本的角度分析,可以明确运输过程中成本压缩空间的大小。影响单位货物运输成本的因素很多,为简化起见,只从运输距离和单车运载的货物数量两个重要因素展开分析。在通常情况下,单位货物的运输成本与运输距离成正比,与运输商品的数量成反比。也就是说,运输距离越长,单位货物的运输成本越高;单车运载的货物数量越大,运输成本就越低。可见，理想的运输服务系统应该是在运输距离固定的情况下，追求运输货物数量的最大化，在运输货物数量不足的情况下，追求运输距离的最小化。理想的运输服务系统的解决方案是将长距离、小批量、多品种的货物运输整合起来，统一实施调度分配，并按货物的密度分布情况和时间要求，在运输过程的中间环节适当安排一些货物集散地，用以进行货运的集中、分拣、组配。实行小批量、近距离运输和大批量、长距离干线运输相结合的联合运输模式。

货物运输中可以压缩成本空间的情况有两种。

（1）如果长途货物运输回程实现有效配载，则单位货物的运输距离由往返减为单程。距离减半，成本降低约50%。

（2）如果供货商到购货商的货物采购运输由一对一独立完成的运输模式改为一次集中提货、多点投递的配送模式，并对配送路径进行优化，可以将单位货物的运输距离成倍降低，运输成本也将大幅度地下降。比如，由供货商到购货商的距离为10千米。如果有三家购货商相距很近，那么三次单独运输的往返距离为60千米；而配送的运输距离为20千米。运输成本可以降低到约30%。

2. 适当设立配送中心

当供货商与一批具有较强购买能力、彼此之间较近的购货商群体的距离超过一定极限时，小型车辆的长距离运输成本将显著增加。由此便产生了对配送中心的需求。比如，在10家购货商群体距离不到20千米的位置设置一个配送中心，配送中心距离供货商的距离为200千米。每家购货商需一小型配送车满载的货物，那么在没有配送中心的情况下，完成10家购货商的运输总往返距离为4000千米。而设立配送中心后，这批货物可以由干线运输工具一次运到配送中心，运输距离为400千米。又从配送中心到各个购货商的往返运输距离总和小于400千米，所以总往返运输距离压缩为800千米，总成本降低到20%。

3. 利用小型运输工具控制运输成本

在城市的快递服务中，如果能够对司机的具体位置进行有效的追踪（CIS+GPS）和准确的预测，则呼叫中心的调度人员可以对司机进行实时监控调度，实现边捡边送。如果司机的车上有两个投递包裹，则运输成本降低到50%。

在城市的包裹投递服务中，如果事先对司机的运行线路进行规划，则运输成本也可以有10%~50%的压缩空间。利用小型运输工具将货物从分散的货主手中集中起来，组配后形成批量的长距离干线运输，到达异地后分拣投递。对于长距离的"门到门"大货物运物服务成本可以大幅度下降。

4. 采取集运方式控制物流成本

在物品运输中，运输批量越大，费率越低，这样促使企业采用大批量运输方式。将小批量货物合并成大批量进行运输是降低单位重量运输成本的主要方法。集运一般有以下四种途径。

（1）库存合并。库存合并即形成库存以满足服务需求。库存合并，可以对大批量货物，甚至整车货物进行运输，并转化为库存。这是库存控制的根本效果。

（2）运输车辆合并。在拣取和送出的货物都达不到整车载质量的情况下，为提高运载效率，可以安排同一辆车到多个地点取货。为实现这种形式的规模经济就需要对行车路线和时间表进行整体规划。

（3）仓库合并。进行仓储的根本原因是可以远距离运送大批量货物，近距离运送小批量货物。例如,用于拆装作业的仓库。

(4)时间合并。在这种情况下,企业将在一定时间内累积客户的订单,这样可以一次性发运较大批量的货物,而不是多次小批量送货。通过对大批量货物的运输路径进行规划和降低单位运输费率,企业可以获得运输中的规模经济效益。当然,由于没能在收到订单和履行订单之后及时发货,会造成服务水平的下降。因此,要在运输成本与对服务的影响之间寻求平衡。运输成本的节约是显见的,但服务水平下降的影响却是很难估计的。

5. 推进信息化

政府应建设公共的网络信息平台,支持工商企业和物流企业采用互联网等先进技术,实现资源共享、数据共用、信息互通。推广应用智能化运输系统,加快构筑全国和区域性物流信息平台,优化供应链管理。

6. 减少运输事故损失

在运输途中,有可能发生货物丢失、货物变质,甚至出现事故,这些都将造成运输成本不必要的增加。因此,有必要关注运输事故。减少运输事故损失,可以采取以下四点措施。

(1)日常防范。
(2)购买保险。
(3)积极理赔。
(4)购买机动车辆的车辆损失险和第三者责任险。

项 目 小 结

运输成本包括道路运输成本、水路运输成本、铁路运输成本、航空运输成本等。本章详细讲述了各类运输成本的分类和运输成本的具体内容以及具体数据的计算。

运输合理化的"五要素":运输距离、运输环节、运输工具、运输时间、运输费用。物流运输成本优化措施——开展合理运输、运输成本控制策略。

【技能训练】

一、计算分析题

1. 某公司现有车辆×辆,7月份的有关业务如下:
(1)工资表显示,司助人员的工资为 54 000 元,福利费为工资的 14%。
(2)按单车统计资料,有关燃料的消耗报告中所列的数据为:×辆车共消耗 23 600 升燃料,本月燃料的实际价格为 7 元/升。
(3)该公司每月每车预提修理费用 500 元,本月对×辆车进行维修,其中 a 辆车进行了小修作业,修理费用为 1 800 元,b 辆车进行了大修作业,维修费用为 8 200 元。
(4)7月份交通事故一起,无人员伤亡。责任认定该公司车辆负全部责任:货物损失费 700 元,车辆修理费用 1 200 元。保险公司按规定赔付 1 000 元。
(5)年初该公司支付本年度保险费共计 32 400 元。
(6)7月份发生车队管理人员的工资性费用、办公费、差旅费等共计 3 000 元。
要求:根据以上资料填写表 6-1 某公司七月份物流费用明细表中的实际数。

表 6-1 某公司七月份物流费用明细

成本项目	实际	计划
一、车辆费用/元		×
工资及福利费/元		×
燃料费用/元		×
修理费用/元		×
事故费用/元		×
保险费用/元		×
车辆费用合计/元		×
二、营运总成本		×
三、运输总成本		×
四、运输周转量/(元/千吨千米)	1 000	×
五、运输单位成本/(元/千吨千米)		

2．某物流公司购入一台运输车辆,原值为 180 000 元,预计净残值率为 5%,预计行驶里程 500 000 千米。该车辆采用工作量法计提折旧,某月该车辆行驶 3 000 千米,试计算该车辆本月的折旧额。

3．某物流公司购入一台特种运输车辆,原值为 200 000 元,预计净残值率为 4%,预计使用期限 8 年。该车辆采用平均年限法计提折旧,试计算该车辆月折旧率、月折旧额。

4．某物流公司新购入某型运输车辆,原值 250 000 元,预计使用期限 6 年,预计大修理 2 次,每次大修理费用 24 300 元,该车型行驶里程定额为 540 000 千米,该营运车辆本月行驶里程为 3 800 千米。分别按行驶里程和按使用年限计算该营运车每月实际预提的大修理费用。

二、模拟实训题

针对一家从事运输服务的物流企业,通过多方面收集资料,了解该企业运输管理的现状,分析其运输成本的构成情况、存在的问题,并提出改进建议。对企业的选择可以采取多种方式,例如,学校统一组织参观;由任课教师指定某企业,学生收集资料;学生自己选择比较熟悉的物流企业;等等。

【同步测试】

一、单选题

1．关于距离与运输成本关系的描述中,下面说法错误的是(　　)。

A. 当距离为 0 时,运输成本不为 0
B. 随着运输距离的增加,运输成本也增加
C. 随着运输距离的增加,运输成本增加的幅度在减小
D. 随着运输距离的增加,运输成本增加的幅度在增加

2．营运车辆的折旧,采用(　　)按实际行驶里程计算,特种车、大型车按平均年限法计算

列入车辆折旧费项目。
   A. 工作量法　　　　　　　　　　B. 平均年限法
   C. 双倍余额递减法　　　　　　　D. 年数总和法
3. 汽车运输成本通常以(　　)作为计算单位。
   A. 输送的距离　　　　　　　　　B. 不同燃料的营用车辆
   C. 货物周转量　　　　　　　　　D. 不同用途的车辆
4. 在成本计算单位中，40英尺集装箱按(　　)标准箱计算。
   A. 1　　　　　B. 1.5　　　　　C. 2　　　　　D. 2.5
5. (　　)是指船舶在运输生产过程中发生的、可以直接归属于航次负担的费用。
   A. 航次运行费用　　　　　　　　B. 船舶固定费用
   C. 集装箱固定费用　　　　　　　D. 船舶共同费用

二、多选题

1. 影响运输成本的因素主要有(　　)。
   A. 输送的距离　　　　　　　　　B. 载运量
   C. 市场的竞争　　　　　　　　　D. 货物的密度
2. 汽车运输成本构成按经济用途分类，可分为(　　)和(　　)。
   A. 车辆直接费用　　　　　　　　B. 固定成本
   C. 营运间接费用　　　　　　　　D. 变动成本
3. 汽车燃料管理方法有(　　)和(　　)。
   A. 满油箱制车存燃料管理　　　　B. 盘存制车存燃料管理
   C. 提前摊销车存燃料管理　　　　D. 一次性计提车存燃料管理
4. 海洋运输成本总体上可分为(　　)和(　　)两类。
   A. 船舶固定费用　　　　　　　　B. 船舶费用
   C. 营运间接费用　　　　　　　　D. 船舶共同费用
5. 在海洋运输成本构成中，航次运输费用包括(　　)。
   A. 港口费　　　　　　　　　　　B. 人工费
   C. 中转费　　　　　　　　　　　D. 车船使用税
6. 航空运输的特征有(　　)，(　　)，安全、准确性高，节约包装、保险、利息等费用。
   A. 运送速度快捷　　　　　　　　B. 没有原料支出
   C. 货损率较高　　　　　　　　　D. 不受地面、地理条件限制
7. 合理运输的"五要素"包括(　　)、(　　)、(　　)、(　　)、运输费用。
   A. 运输距离　　　　　　　　　　B. 运输环节
   C. 运输工具　　　　　　　　　　D. 运输时间

三、简答题

1. 简述影响运输成本的因素。
2. 简述道路运输、水路运输、铁路运输、航空运输的优缺点。
3. 简述汽车运输成本的核算程序。
4. 简述铁路运输成本的特点。
5. 简述物流运输成本的优化措施。

项目七　配送成本管理

【知识目标】

1. 了解配送成本的含义；
2. 掌握配送成本的构成与核算；
3. 掌握配送成本的优化途径。

【技能目标】

1. 具有配送成本核算的初步能力；
2. 具有结合实际进行配送成本分析和控制的初步能力。

【案例导入】

由于连锁餐饮业的原料价格相差不大，物流成本始终是企业成本竞争的焦点。有关资料显示，在一家连锁餐饮企业的总体配送成本中，运输成本占到60%左右，而运输成本中的55%~60%是可以控制的。肯德基、必胜客等快餐业内巨头的指定物流提供商百胜物流公司又是如何降低配送成本的呢？

百胜物流公司抓住运输环节做文章，通过合理的运输排程，合理调配，尽量使车辆满载，尽可能减少总行驶里程。在满足客户需要的基础上，在提高品质服务与控制成本之间寻找一个平衡点，减少不必要的配送，降低配送频率。制定仓储作业的配套时间表，提高运输资产的利用率，从而将卡车利用率最大化。实施歇业时间送货等优化管理方法，有效实现了物流成本的"缩水"，给业内管理者指出了一条细致而周密的降低物流成本之路。

思考：百胜物流公司降低配送成本的举措带给我们哪些启发呢？

任务一　配送成本的构成与核算

一、配送成本定义

1. 配送定义

中华人民共和国国家标准（GB/T18354－2006）《物流术语》对配送概念的界定是：在经济合理区域范围内，根据客户要求，对物品进行拣选、加工、包装、分割、组配等作业，并按时送达指定地点的物流活动。配送是物流系统中一种特殊的、综合的活动形式,是商流与物流紧密结合,包含了物流中若干功能要素的物流活动。

从物流角度来说,配送几乎包括了所有的物流功能要素,是物流的一个缩影或在较小范围中物流全部活动的体现。一般的配送集装卸、包装、保管、运输于一身,通过一系列活动,完成将物品送达客户的目的。特殊的配送则还要以流通加工活动为支撑,其内容更广。严格来讲,在整个物流活动中,如果没有配送环节,就不能成为完整的物流活动。

配送作业是按照客户的要求,把货物分拣出来,按时按量送达指定地点的过程。从总体上讲,配送是由备货、理货和送货三个基本环节组成的,每个环节又包含若干项具体的、枝节性的活动,是配送企业或部门运作的核心内容。因此,配送作业流程的合理性及配送作业效率的高低,都会直接影响整个物流系统的正常运行和企业的物流总成本。

2. 配送成本定义

配送是一个"小物流"的概念,集若干物流功能于一身,完成配送是需要付出代价的,即配送成本。配送成本是指在配送活动的备货、储存、分拣、配货、配装、送货服务及配送加工等环节所发生各项费用的总和,是配送过程中所消耗的各种劳动的货币表现。

根据配送流程及配送环节,配送成本实际上是含配送运输成本、储存保管成本、分拣成本、包装成本、流通加工成本等的全部费用。其计算公式:

配送成本＝配送运输成本＋储存保管成本＋分拣成本＋包装成本＋流通加工成本

二、配送成本的特征

1. 配送成本的隐蔽性

日本早稻田大学物流成本研究的权威西泽修教授,曾提出著名的"物流成本冰山"说,其含义是人们对物流费用的总体内容并不掌握,提起物流费用大家只看到露出水面的冰山角,而隐藏在海水里的冰山却看不见。事实上,海水中的冰山才是物流费用的主体部分。就配送成本而言,一般通过"销售费用""管理费用"科目可以看出部分配送费用情况,但这些科目反映的费用仅是全部配送成本的一部分,即企业对外支付的配送费用,并且这一部分费用往往是混在其他有关费用中的,而不是设立单独的"配送费用"科目进行独立核算。

2. 配送成本削减具有乘数效应

假定销售额为 1 000 元,配送成本为 100 元。如果配送成本降低 10%,就可以得到 10 元的利润。假如这个企业的销售利润率为 2%,创造 10 元的利润,则需要增加 500 元的销售额,即降低 10%的配送成本所起的作用相当于销售额增加 50%,这就是配送成本削减的乘数效应。

3. 配送成本的"效益背反"

所谓配送成本的"效益背反",是指同一资源的两方面处于互相矛盾的关系之中,一个要素的优化会导致另一要素的损失。这种状态在配送活动中也是存在的。譬如,尽量减少库存据点及库存,会引起库存频繁补给,从而增加运输次数。同时,减少仓库,会导致配送距离变长,运输费用进一步增大。可见,一个要素成本的降低,会导致另一个要素成本的增大,产生成本效益背反。

三、配送成本的构成与核算

配送作为新型的物流方式,彻底改变了传统的流通模式,根据客户的需要,进行货物的分配,做到了要什么配什么,要多少配多少,哪里需要就送到哪里,能为客户提供更加方便快捷的服务,在物流活动中占据重要地位。因此,更需要对配送成本有比较全面的了解。配送活动不仅能增加产品的价值,还有助于提高企业的竞争力。

在实际工作中,应该根据配送的具体流程归集成本,不同的配送模式,其成本构成差异较大;在相同的配送模式下,由于配送物品的性质不同,其成本构成差异也很大,配送成本核算是多环节的核算,是各个配送环节或活动的集成,在实际核算时,涉及多个活动,就应当对多个配送活动进行核算。配送各个环节的成本核算都具有各自的特点,其成本对象及计算单位都不同,对每个环节应当核算各成本对象的总成本。总成本是指成本期间内各成本对象的成本总额,即各个成本项目金额之和。配送成本总额即是由各个环节的总成本组成的,如图7-1所示。

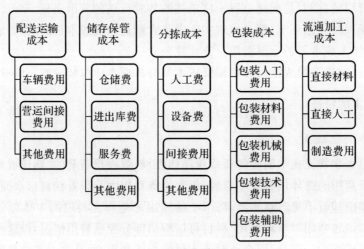

图7-1 配送成本的构成

(一)配送运输成本的构成与核算

1. 配送运输成本的构成

(1)车辆费用。车辆费用是指配送车辆从事配送作业而发生的各项费用,具体包括驾驶员、助手等人员的工资及福利费,燃料费,轮胎费,修理费,折旧费,养路费,车船使用税等费用。

(2)营运间接费用。营运间接费用指营运过程中发生的不能直接计入各成本对象的站、队经费,包括站、队人员的工资及福利费,办公费,水电费,折旧费等费用。

(3)其他费用。在配送运输过程中发生的且不属于上述各项的其他费用。

2. 配送运输成本的核算

配送运输成本的核算是指将配送车辆在配送服务过程中所发生的费用,按照规定的成本对象、成本项目、成本期间、成本账簿设置等要求,计入配送运输成本的过程。

> 知识链接

配送运输成本的分析与计算

1. 人工费。根据"工资分配汇总表"中各车型分配的金额计入成本。

2. 燃料费。根据"燃料发出凭证汇总表"中各车型耗用的燃料金额计入成本。配送车辆在本企业以外的油库加油,其领发数量不作为企业购入和发出处理的,应在发生时按照配送车辆领用数量和金额计入成本。

3. 轮胎费。轮胎外胎采用一次摊销法的,根据"轮胎发出凭证汇总表"中各车型领用的金额计入成本;采用按行驶胎千米提取法的,根据"轮胎摊提费计算表"中各车型应负担的摊提额计入成本。发生轮胎翻新费时,根据付款凭证直接计入各车型成本或通过待摊费用分期摊销。内胎、垫带,根据"材料发出凭证汇总表"中各车型成本领用金额计入成本。

4. 修理费。辅助生产部门对配送车辆进行保养和修理的费用,根据"辅助营运费用分配表"中分配各车型的金额计入成本。

5. 折旧费。根据"固定资产折旧计算表"中按照车辆种类提取的折旧金额计入各分类成本。

6. 养路费及运输管理费。配送车辆应缴纳的养路费和运输管理费,应在月终计算成本时,编制"配送营运车辆应纳养路费及管理费计算表",据此计入成本。

7. 车船使用税、行车事故损失和其他费用。如果是通过银行转账、应付票据、现金支付的,根据付款凭证等直接计入有关的车辆成本;如果是在企业仓库内领用的材料物资,根据"材料发出凭证汇总表""低值易耗品发出凭证汇总表"中各车型领用的金额计入成本。

8. 营运间接费用。根据"营运间接费用分配表"计入有关配送车辆成本。

(二)储存保管成本的构成与核算

1. 储存保管成本的构成

储存保管成本指货物存放在配送中心的储存、保管过程中所发生的费用之和,是社会必要劳动的追加费用。这种劳动参加了货物价值的创造,增加了货物的价值,但不会提高和增加物资的使用价值。储存保管成本主要包括仓储费、进出库费、代运费、机修费、验收费、代办费、装卸费和管理费等。

(1)仓储费。仓储费是专指物资储存、保管业务所发生的费用。仓储费主要包括仓库管理人员的工资,物资在保管保养过程中的毡垫、防腐、倒垛等维护保养费,固定资产折旧费,以及低值易耗品的摊销、修理费、劳动保护费、动力照明费等。

(2)进出库费。进出库费是指物资进出库过程中所发生的费用,主要包括进出库过程中装卸搬运和验收等所开支的工人工资、劳动保护费等,日常发生的照明费、材料费、燃料费、管理费,以及固定资产折旧费、大修理费等。

(3)服务费。服务费是指配送中心在对外保管服务过程中所消耗的物化劳动和活劳动的货币表现。

(4) 其他费用。在配送储存保管过程中发生的且不属于上述各项的其他费用。

2. 储存保管成本的核算

配送仓库的储存保管成本核算是指将配送中心仓储活动在配送服务过程中所发生的费用,按照规定的成本对象、成本项目、成本期间、成本账簿设置等要求,计入配送储存保管成本的过程。

> **知识链接**
>
> **配送仓储成本的分析与计算**
>
> 1. 材料消耗费。根据配送仓储部门"材料发出凭证汇总表"的金额全额计入成本。
>
> 2. 人工费。根据"工资分配汇总表",按人数比例计算出配送仓储部门应分摊的费用后计入成本。
>
> 3. 燃料动力费。根据"燃料动力消耗凭证汇总表"按面积占比计算出配送仓储部门应分摊的费用后计入成本。
>
> 4. 保险费。根据"保险费用凭证汇总表"按面积比计算出配送仓储部门应分摊的费用后计入成本。
>
> 5. 修缮维护费和仓储搬运费。根据"辅助管运费用分配表"按面积比计算出配送仓储部门的费用后计入成本。
>
> 6. 折旧费。根据"固定资产折旧计算表"按面积比计算出配送仓储部门的费用后计入成本。
>
> 7. 仓储管理费。根据配送部门的"管理费用汇总表"按仓储费用比计算出配送仓储部门的费用后计入成本。
>
> 8. 易耗品。根据配送部门"低值易耗品发出凭证汇总表"按仓储费用比计算出配送仓储部门的费用后计入成本。
>
> 9. 资金占用利息费。根据"财务费用汇总表"按仓储费用比计算出配送仓储部门的费用后计入配送成本。
>
> 10. 税金。根据"应付税金汇总表"按仓储费用比计算出配送仓储部门的费用后计入成本。

(三) 分拣成本的构成与核算

1. 分拣成本的构成

分拣货物是在配货场或仓库储运场进行的,是按发货单位和客户要求到存放货位进行验货,在设定货主地点进行分类、组织包装等作业的组织过程。其作业技术可按商品性态特点、作业批量大小、客户多少,分别选用"摘果式"或"播种式"分拣作业方法。分拣作业既可采用人工作业方式,也可采用人机作业方式,还可以采用自动化作业方式。分拣作业过程中所消耗的费用之和就是分拣成本,具体包括以下四项内容。

(1) 人工费。人工费是指从事分拣工作的作业人员及有关人员的工资、奖金、补贴、职工福利费和五险一金等费用的总和。

(2)设备费。设备费是指分拣机械设备的折旧费、修理费和燃料消耗等。

(3)间接费用。间接费用是指配送分拣管理部门为管理和组织分拣生产,需要由分拣成本负担的各项管理费和业务费。

(4)其他费用。其他费用是指在配送分拣过程中发生的且不属于上述各项的费用。

2. 分拣成本的核算

配送分拣成本的核算是指将分拣机械及人工在完成货物分拣过程中所发生的各种费用,按照规定的成本对象、成本项目、成本期间、成本账簿设置等要求,计入配送分拣成本的过程。

知识链接

配送分拣成本的分析与计算

1. 人工费。根据"工资分配汇总表"中分配给配装作业的金额计入成本。

2. 修理费。辅助生产部门对分拣机械进行保养和修理的费用,根据"辅助生产费用分配表"中分配给分拣作业的金额计入成本。

3. 折旧费。根据"固定资产折旧计算表"中按照分拣机械提取的折旧金额计入成本。

4. 分拣间接费用。根据"配送管理费用分配表"计入分拣成本。

5. 其他费用。根据"低值易耗品发出凭证汇总表"中分拣作业领用的金额计入成本。

(四)包装成本的构成与核算

1. 包装成本的构成

包装成本是指为了销售或配送方便所进行再包装的费用。包装起着保护产品、方便储运、促进销售的作用。绝大多数商品只有经过包装,才能进入流通领域。包装成本主要包括以下五项内容。

(1)包装人工费用。包装人工费用指从事包装工作的工人及有关人员的工资、奖金、补贴、职工福利、五险一金等费用的总和。

(2)包装材料费用。包装材料费用指货物包装所消耗材料的费用,常见的包装材料有木材、纸、自然纤维和合成纤维、塑料等,这些包装材料功能不同,成本相差很大。

(3)包装机械费用。包装机械的应用不仅可以极大地提高包装的劳动生产率,也大幅度地提高了包装的水平。但包装机械的广泛使用,也使得包装费用明显提高。

(4)包装技术费用。为使物资在流动过程中免受外界不良因素的影响,物资包装时一般要采取一定的技术措施,包装技术费用即为这些技术措施的设计、实施所支出的费用,如缓冲包装技术、防震包装技术、防潮包装技术、防锈包装技术等费用。

(5)包装辅助费用。除上述包装费用外,还有一些辅助性费用,如包装标记、标志的印刷费用和拴挂物费用等。

2. 包装成本的核算

包装成本的核算是指将配装过程中所发生的各项费用,按照规定的成本对象、成本项目、成本期间、成本账簿设置等要求,计入配送配装成本的过程。

> 📖 **知识链接**

配送包装成本的分析与计算

1. 人工费。根据"工资分配汇总表"中分配给配装作业的金额计入成本。

2. 材料及辅助材料费。根据"材料发出凭证汇总表""领料单"及"领料登记表"等原始凭证,按配装作业耗用的金额计入成本。

3. 包装间接费用。根据"配送间接费用分配表"计入包装成本。

4. 其他费用。根据"材料发出凭证汇总表""低值易耗品发出凭证"中包装作业领用的金额计入成本。

(五)流通加工成本的构成与核算

1. 流通加工成本的构成

流通加工是指物品在生产地到使用地的流动过程中,根据需要施加包装、分割、计量、分拣、价格贴付、拴标签、组装等简单作业的总称。由此而支付的费用通过归集和分配,形成流通加工成本,流通加工成本构成与产品成本构成很相似,主要包括直接材料费用、直接人工费用和制造费用。

(1)直接材料费用。直接材料费用指在流通加工过程中需要消耗一些材料所发生的费用,如包装材料、辅助材料等。同工业制造企业相比,直接材料费用占流通加工总成本的比例不大。

(2)直接人工费用。直接人工费用指在流通加工过程中从事加工活动的管理人员、工人及有关人员工资奖金、补贴、职工福利费、五险一金等费用的总和。该费用的大小与加工的机械化程度和加工形式存在着密切关系。

(3)制造费用。制造费用是指物流中心设置的流通加工单位为组织和管理流通加工所发生的各项间接费用,主要包括流通加工生产单位管理人员的工资及提取的福利费等,流通加工单位房屋、建筑物、机械设备等的折旧和修理费,流通固定资产租赁费、机物料消耗费、低值易耗品摊销费、取暖费、水电费、办公费、差旅费、保险费、试验检验费、季节性停工和机器设备修理期间的停工损失以及其他制造费用。

> 📖 **知识链接**

流通加工根据加工目的不同分为以下几种。

(1)适应多样化需要的流通加工。为了满足用户对产品多样化的需要,同时又要保证高效率的大生产,可以将生产出来的单一化、标准化的产品进行多样化的改制加工。例如,木材改制成枕木、板材、方材等。

(2)方便消费的流通加工。根据下游生产的需要将商品加工成生产直接可用的状态。例如,根据需要将钢材定尺、定型。

(3)保护产品的流通加工。在物流过程中,为了保护商品的使用价值,延长商品在生产和使用期间的寿命,防止商品在流通过程中遭受损失,可以采取稳固、改装、保鲜、冷冻、涂油等方式。例如,对水产品、肉蛋类的保鲜、保质进行的冷冻加工、防腐加工等。

(4)弥补生产加工不足的流通加工。由于受到各种因素的限制,许多产品在生产领域的加工只能到一定程度,而不能完全实现终极的加工。例如,木材如果在产地完成成材加工或制成木制品的话,就会给运输带来极大的困难,所以进一步的下料、切裁、处理等加工则由流通加工完成。

(5)为促进销售的流通加工。流通加工也可以起到促进销售的作用。例如,将过大包装或散装物分装成适合依次销售的小包装的分装加工。

(6)提高加工效率的流通加工。许多生产企业的初级加工由于数量有限,加工效率高。而流通加工以集中加工的形式,以一家流通加工企业的集中加工代替了若干家生产企业的初级加工,解决了单个企业加工效率不高的弊病。

(7)提高物流效率的流通加工。有些商品本身的形态使之难以进行物流操作,且在运输、装卸搬运过程中极易受损,因此需要进行适当的流通加工加以弥补。例如,自行车在消费地区的装配加工可以提高运输效率,降低损失。

2. 流通加工成本的核算

流通加工处于不易区分生产还是物流的中间领域,与一般的生产加工相比,在加工方法、加工组织、生产管理等方面并无很明显的区别,但在加工程度、加工对象方面差别较大。流通加工程度大多是简单加工,是对生产加工的辅助和补充;流通加工的对象是进入流通过程的商品。

因此,对流通加工成本进行核算时,应区分情况进行。如果是相对比较复杂和独立的流通加工,为加强成本管理和控制,应比照生产加工的成本核算方法进行系统核算;如果是简单的组合、加工,本着成本效益原则,降低核算成本,可参照其他物流成本的核算方法进行,简化核算过程。

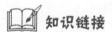 知识链接

流通加工成本的分析与计算

1. 直接材料费用。在直接材料费用中,材料和燃料费用数额是根据全部领料凭证汇总编制"耗用材料汇总表"确定的;外购动力费用是根据有关凭证确定的。

2. 直接人工费用。计入产品成本中的直接人工费用的数额,是根据当期"工资结算汇总表"来确定的。

3. 制造费用。制造费用是通过设置制造费用明细账,按照费用发生的地点来归集的。制造费用明细账按照加工生产单位开设,并按费用明细账项目设专栏组织核算。流通加工制造费用的格式可以参考工业企业的制造费用一般格式。由于流通加工环节的折旧费用、固定资产修理费用等占成本比例较大,其费用归集尤其重要。

任务二　配送成本的控制

物流成本主要包括仓储成本、运输成本、装卸搬运成本、流通加工成本、包装成本、配送成本、物流信息管理成本。其中,配送成本占比较高,约占35%~60%。因此,控制配送成本对降低整个物流成本、提高物流效益具有较大的意义。

一、配送成本控制的概念

配送成本控制是运用一定的方法对配送过程中构成配送成本的一切耗费,进行科学严格地计算、控制和监督,将各项实际耗费限制在预先确定的预算、计划或标准的范围内,并通过分析实际偏离计划或标准的原因,积极采取对策,以实现全面降低配送成本目标的一种管理工作。配送企业所取得的收入是通过降低配送过程中成本费用所得,和客户一起共同分享这一节约的利润。配送成本控制不仅是客户考虑的内容,也是配送企业考虑的内容。因此,进行配送成本控制显得尤为重要。

二、配送成本控制的方法

配送成本控制方法包括绝对成本控制法和相对成本控制法。

1. 绝对成本控制

绝对成本控制是把成本支出控制在一个绝对金额以内的成本控制方法。绝对成本控制从节约各种费用支出,杜绝浪费的途径进行配送成本控制,要求把营运过程中发生的各环节的一切费用支出,都列入成本控制范围。标准成本和预算控制是绝对成本控制的主要方法。

2. 相对成本控制

相对成本控制是通过成本支出与产值、利润、质量和功能等因素的对比分析,寻求在一定制约因素下取得最优经济效益的一种控制方法。

相对成本控制扩大了配送成本控制领域,要求配送企业在降低配送成本的同时,充分注意与成本关系密切的因素,诸如配送产品结构、项目结构、配送服务水平等方面的工作,目的在于提高控制成本支出的效益,即减少单位产品成本投入,提高整体经济效益。

三、配送成本控制的基本程序

1. 制定控制标准

成本控制标准是控制成本费用的重要依据,物流配送成本控制标准的制定,应按实际的配送环节分项制定,不同的配送环节,其成本项目是不同的。制定配送作业的成本控制标准时,业务数量标准通常由技术部门研究确定,费用标准由财务部门和有关责任部门研究确定,同时尽可能吸收负责执行标准的职工参加各项标准的制定,从而使所制定的标准符合实际配送活动的要求。

2. 揭示成本差异

成本的控制标准制定后要与实际费用比较,及时揭示成本差异。差异的计算与分析也要与所制定的成本项目进行比较。

3. 成本反馈

在成本控制中,成本差异的情况要及时反馈到有关部门,以便及时控制与纠正。

四、配送各环节成本控制的选择

配送各环节的成本控制应该在控制配送总成本的基础上分项控制,由于各环节的成本项目差异很大,在选用成本控制标准时应遵循合适的原则,对不同的环节应采用不同的成本控制标准。

配送运输环节的作业主要采用汽车运输方式,受驾驶水平、道路条件、车辆性能的影响较大。尽管配送运输一般按优化的配送路线进行配送,但其不确定因素影响很大。因此,对配送运输成本的控制应选择计划成本控制。对配送运输成本应建立定额管理制度,技术经济定额如行车燃料消耗定额、轮胎使用里程定额、大修和各级保养间隔里程定额以及各种配件材料消耗定额、车辆保修费定额与工时定额等,这些定额是进行成本计划管理的依据。

配送的流通加工环节、分拣环节及配装环节应采用标准成本控制,虽然各环节成本项目具有一定差异,其控制标准可按直接材料费用、直接人工费用和制造费用分别制定。执行每项控制标准都要考虑数量与单价两个基本因素。

1. 标准成本的类型

标准成本是根据历史成本资料,通过一定的经济技术分析所预先确定的成本水平。在制定标准成本时,基于不同的角度,可以分为以下两种情况:从标准的高低来看,有"理想成本"与"正常成本"之分;从制定标准的时间来看,有"基本标准"与"当期标准"之分。理想标准和正常标准是针对标准成本的先进性和合理性而言的;基本标准和当期标准是根据生产经营条件的发展变化而言的。在实际执行中常将正常标准与当前标准结合起来,成为一种当期正常标准。

2. 标准成本的制定

物流配送流通加工等环节的标准成本的制定,应按配送的实际环节进行,标准成本、业务数量标准,通常由技术部门研究确定;费用标准由财务部门和有关责任部门研究确定,同时尽可能吸收负责执行标准的职工参加各项标准的制定,从而使所制定的标准符合实际配送活动的要求。

配送各环节标准成本可按直接材料、直接工资、制造费用等项目制定,用"标准消耗量×标准价格"的公式来确定。这样做有两个原因:第一,数量和价格区分开来便于分析"量差"和"价差"对成本的影响,以便分清责任;第二,数量和价格分离开来便于修订标准成本,只要用标准消耗量乘新的单位标准价格的简便方法即可求得。

标准成本可按直接材料、直接人工和制造费用三个成本项目分别制定。

(1)直接材料标准成本的制定。配送成本构成中的直接材料标准成本的制定,一方面应从技术部门取得各作业过程的技术文件,提供各作业过程所需各种材料的消耗量;另一方面应从种材料的标准单价,主要包括运杂费和购价等,把各种材料的数量乘其标准单价,就可以求得配送各环节直接材料的标准成本。

直接材料标准成本计算公式:

$$配送各环节直接材料标准成本 = 直接材料标准数量 \times 直接材料标准价格$$

(2)直接人工标准成本的制定。计算各环节直接人工的标准成本,其中标准工作时间一般是通过"时间和动作研究",按产品的加工工序、搬运装卸工序、拣选及配装工序等来制定。这个标准时间,除了包括直接时间,还要考虑工人必要的间歇和停工时间。"标准价格"是确定作业工人工资标准成本的另一因素,它一般是采用预算工资率,即以每标准工时应分配的工资乘职工工时标准为基础来确定。各工序消耗的人工由各作业部门和工程技术部门来提供,预算工作由人力资源部门来提供。

直接人工标准成本计算公式：

配送某环节直接人工标准成本＝直接人工标准数量×直接人工标准价格

(3)制造费用标准成本的制定。制造费用标准成本的制定，需考虑数量标准与费用率标准两个因素。制造费用的数量标准也是指正常生产条件下，生产单位产品所需的标准工作时间；制造费用的费用率标准是指每标准工时所负担的制造费用。制造费用分为固定性制造费用预算和变动性预算两部分。费用率标准的计算公式：

固定性制造费用标准分配率＝固定性制造费用预算÷标准总工时

变动性制造费用标准分配率＝变动性制造费用预算÷标准总工时

根据制造费用用量和费用分配率标准，制造费用标准成本公式：

固定性制造费用标准成本＝固定性制造费用分配率×标准工时

变动性制造费用标准成本＝变动性制造费用分配率×标准工时

任务三　配送成本的优化

一、不合理配送的表现形式

由于配送是一个多环节物流活动的集成，在实际运行中会有一些不合理的情况出现。不合理配送主要表现在以下六个方面。

1. 库存决策不合理

配送应实现集中库存总量低于各客户分散库存总量，从而大大节约社会财富，同时降低客户实际平均分摊库存负担。因此，配送企业必须依靠科学管理来实现一个低总量的库存，否则就会出现单是库存转移，而未解决库存降低的不合理现象。

2. 资源筹措不合理

配送是通过筹措资源的规模效益来降低资源筹措成本，使配送资源筹措成本低于客户自己筹措资源成本，从而取得优势。如果不是集中多个客户需要进行批量筹措资源，而仅仅是为某一两个用户代购代筹，对客户来讲，不但不能降低资源筹措费用，相反却要多支付一笔配送企业的代办费，显然是不合理的。

3. 配送中心布局不合理

近年来，物流企业发展很快，部分企业缺乏总体规划和充分的市场调查，导致配送中心布局的不合理，重复建设，成本较高。

4. 送货运输不合理

配送与客户自提比较，尤其对于多个小客户来讲，可以集中配装一车送几家，这比一家一户自提可大大节省运力和运费。如果不能利用这一优势，仍然是一户一送，而车辆达不到合理配载，则属于不合理配送。

5. 配送价格不合理

总的来讲,配送价格应低于客户自己完成物流活动的代价,这样才会使客户有利可图。有的时候,由于配送有较高的服务水平,价格较高,客户是可以接受的,但这不是普遍的原则。如果配送价格普遍高于客户自己进货价格,损伤了客户的利益,就是一种不合理的表现。价格制定过低,使配送企业处于无利或亏损状态下运行,会损伤配送企业自身,也是不合理的。

6. 经营观念不合理

在配送实施中,有许多是经营观念不合理造成配送优势无从发挥,相反却损坏了配送企业的形象。这是在开展配送时尤其需要注意克服的不合理现象。例如,配送企业利用配送手段,向用户转嫁资金、库存困难;在库存过大时,强迫客户接货,以缓解自己库存压力;在资金紧张时,长期占用用户资金,将客户委托资源挪做它用获利等。

以上几种不合理的配送形式,都会增加配送的成本费用,会使配送企业丧失成本领先的竞争优势。另外,配送成本是物流多环节的成本费用组成的,对配送成本控制也是对各环节成本的分项控制。因此,对配送成本的控制要有系统的观点,使配送成本费用控制在预定范围内。

二、配送成本的优化途径

1. 加强配送的计划性

在配送活动中,临时配送、紧急配送或无计划的随时配送都会大幅度增加配送成本。为了加强配送的计划性,需要建立客户的配送申报制度。在实际工作中,应针对商品的特性,制定不同的配送申请和配送制度。

2. 确定合理的配送路线

确定配送路线的方法很多,既可采用方案评价法,拟订多种方案,以使用的车辆数、司机数、油量、行车的难易度、装卸车的难易度及送货的准时性等作为评价指标,对各个方案进行比较,从中选出最佳方案,还可采用数学模型进行定量分析。无论采用何种方法,都必须考虑以下几个条件。

(1)满足客户对商品品种、规格和数量的要求。
(2)满足客户对货物发到时间范围的要求。
(3)在交通管理部门允许通行的时间内送货。
(4)各配送路线的商品量不得超过车辆容积及载重量。
(5)在配送中心现有运力及可支配运力的范围之内配送。

3. 进行合理的车辆配载

各客户的需求情况不同,所需商品也不一致。这些商品不仅包装形态、储运性质不一,而且密度差别较大。实行轻重配装,既能使车辆满载,又能充分利用车辆的有效体积,会大大降低运输费用。

4. 提高配送作业效率

(1)商品入库、出库的效率化。在配送作业中,伴随着订发货业务的开展,商品检验作业也在集约化的配送中心内进行,特别是近几十年来,条形码的广泛普及以及便携式终端性能的提高,物流作业效率得到大幅提高,即在客户订货信息的基础上,在进货商品上要求贴附条形码,商品进入中心时用扫描仪读取条形码检验商品;或在企业发货信息的基础上,在检验发货商品时同时加贴条形码,这样企业的仓库保管以及发货业务都在条形码管理的基础上进行。

(2)保管、装卸作业的效率化。现代配送中心在实现配送作业快速化的同时,削减作业人员、降低人力费特别是以往需要大量人力的备货或标价等流通加工作业,如何实现自动化是很多企业面临的重要课题。如今,为了提高作业效率,除了改善作业内容外,很多企业所采取的方法是极力使各项作业标准化,进而最终实现人力资源的节省。

(3)备货作业的效率化。配送中心中最难实行自动化的是备货作业,由于产业不同、商品的形状不同,备货作业的自动化有难有易。虽然各企业在推动自动化时会遇到各种难题,但是都在极力通过利用信息系统节省人力资源,构筑高效的备货自动化系统。备货自动化中最普及的是数码备货,它可以不使用人力,而是借助于信息系统有效地进行作业活动。如今,很多先进的企业即使使用人力,也都纷纷采用数码技术提高备货作业的效率。

(4)分拣作业的效率化。对于不同的经济主体,分拣作业的形式是不同的,其提高效率的途径也就不同。对于厂商而言,如果是客户工厂订货,则产品生产出来后直接运送到客户,基本上不存在分拣作业;相反,如果是预约订货,那么就需要将商品先送到仓库,等接受客户订货后,再进行备货、分拣,配送到指定客户手中。此外,对于那些拥有全国产品销售网的厂商,产品生产出来后运送到各地的物流中心,各地物流中心在接受当地订货的基础上,分别进行备货分拣作业,然后直接向客户配送产品。

5. 建立顺畅的信息系统

在物流作业中,分拣、配货要占全部劳动的60%,而且容易发生差错。如果在拣货、配货中运用计算机管理系统,应用条形码技术,可使拣货快速、准确,配货简单、高效,从而提高效率,节省劳动力,降低物流成本。

6. 采取适当的方式

为了在满足一定客户服务水平的前提下,尽可能地降低配送成本,或者是在一定的服务水平下使配送成本最小,要综合各方面情况,采取适当的配送方式。

(1)差异化配送。差异化配送的指导思想是:产品特征不同,客户服务水平也不同。当企业拥有多种产品线时,不能对所有产品都按同一标准的客户服务水平来配送,而应按产品的特点、销售水平来设置不同的库存、不同的运输方式以及不同的储存地点,忽视产品的差异性会增加不必要的配送成本。

一家生产化学品添加剂的公司,为降低成本,按各种产品的销售量比重进行分类:A类产品的销售量占总销售量的70%以上,B类产品占20%左右,C类产品则占10%左右。对A类产品,公司在各销售网点都备有库存,B类产品只在地区分销中心备有库存,而在各销售网点不备有库存,C类产品连地区分销中心都不设库存,仅在工厂的仓库才有存货。经过一段时间的运行,事实证明这种方法是成功的,企业总的配送成本下降了20%以上。

(2)合并配送。合并配送包含两个层次:一是配送方法上的合并;另一个则是共同配送。

1)配送方法上的合并。企业在安排车辆完成配送任务时,充分利用车辆的容积和载重量,做到满载满装,是降低成本的重要途径。

2)共同配送。共同配送是一种产权层次上的共享,也称集中协作配送。它是几个企业联合集小量为大量共同利用同一配送设施的配送方式,其标准运作形式是在中心机构的统一指挥和调度下,各配送主体以经营活动(或以资产为纽带)联合行动,在较大的地域内协调运作,共同对某一个或某几个客户提供系列化的配送服务。

(3)混合配送。混合配送是指企业自身适当地建立小型配送系统,大范围的配送采用外包,小范围的配送采用自营,其基本思想是:由于产品品种多变、规格不一、销量不均等情况,采用纯策略的配送方式超出一定程度时,不能取得规模效益。而采用混合策略,合理安排企业自身完成的配送和外包给第三方物流完成的配送,能使配送成本最低。

(4)延迟配送。传统的配送计划安排中,大多数的库存是按照对未来市场需求的预测量设置的,这样就存在着预测风险,当预测量与实际需求量不符时,就出现库存过多或过少的情况,从而增加配送成本,实践中可以借鉴延迟策略,以达到降低成本的目的。延迟策略的基本思想就是对产品的外观、形状及其生产、组装、配送应尽可能推迟到接到客户订单后再确定。

(5)标准化配送。标准化配送就是尽量减少因品种多变而导致的附加配送成本,尽可能多地采用标准零部件、模块化产品。采用标准化策略要求厂家从产品设计开始就要站在消费者的立场去考虑怎样节省配送成本,而不要等到产品定型生产出来了才考虑采用什么技巧降低配送成本。

知识链接

延迟策略

一般来说,实施延迟策略的企业应具备以下几个基本条件:一是产品特征,即生产技术非常成熟,模块化程度高,产品价值密度大,有特定的外形,产品特征易于表述,定制后可改变产品的容积或质量;二是生产技术特征,即模块化产品设计,设备智能化程度高,定制工艺与基本工艺差别不大;三是市场特征,即产品生命周期短,销售波动性大,价格竞争激烈,市场变化大,产品的提前期短。

实施延迟策略常采用两种方式:生产延迟(或称形成延迟)和物流延迟(或称时间延迟),而配送中往往存在着加工活动,所以实施配送延迟策略既可采用形成延迟方式,也可采用时间延迟方式。具体操作时,常常发生在诸如贴标签(形成延迟)、包装(形成延迟)、装配(形成延迟)和发送(时间延迟)等领域。

项 目 小 结

配送是现代物流的一个核心内容,通过配送,物流活动才最终得以实现,但完成配送是需要付出代价的,即配送成本。配送成本是指在配送活动的备货、储存、分拣及配货、配装、送货服务及配送加工等环节所发生的各项费用的总和,是配送过程中所消耗的各种活劳动和物化劳动的货币表现。

配送成本费用的核算是多环节的核算,是各个配送环节或活动的集成,在实际核算时,涉及具体的配送活动,应当对相应的配送环节活动进行核算。配送各个环节的成本费用核算都具有各自的特点,应分别根据其特点用不同方法核算费用。

配送成本控制是运用一定的方法对配送过程中构成配送成本的一切耗费,进行科学严格地计算、控制和监督,将各项实际耗费限制在预先确定的预算、计划或标准的范围内,以实现全面降低配送成本目标的一种管理工作。

配送成本的优化是配送成本管理的目标,要采取多种途径来实现配送成本的优化,从而降低物流成本,提高企业的经济效益。

【技能训练】

一、模拟实训题

进行一次关于配送中心的调研,了解配送管理的现状和物流配送的模式;比较配送成本构成与其他物流成本构成的区别;通过各种渠道收集资料,分析配送模式与配送成本的关系以及存在的问题。在组织管理上,最好由教师组织学生先编好小组,小组内同学进行分工,最后小组完成一个调研报告。

二、案例分析

通过降低配送成本提高竞争优势

上海联华生鲜食品加工配送中心是联华超市股份有限公司的下属公司,主营生鲜食品的加工、配送和贸易,拥有资产总额近3亿元,是具有国内一流水平的现代化的生鲜食品加工配送企业。联华生鲜食品加工配送中心在生产加工的同时还从事水果、冷冻品以及南北货的配送任务,配送范围覆盖联华标超、快客便利、世纪联华等二千余家门店,为企业的快速发展奠定了基础。

在上海联华投资6 000多万元人民币兴建的生鲜食品加工配送中心,每天由各门店的电脑终端将当日的生鲜食品要货指令发送给配送中心的电脑系统加以处理,之后产生两条指令清单,一条指令会直接提示采购部门按具体的需求安排采购,另一条指令会即时发送给各加工车间中控制加工流水线的电脑控制系统,按照当日的需求进行食品加工。更为巧妙的是,这个系统还会根据门店的要货时间和前往各门店的送货路线远近自动安排生产次序,这样就能够确实保证生鲜食品当日加工、当日配送和当日销售,从而强化了生鲜食品配送中心最重要的竞争优势——鲜!

各种肉类的切片、切丝、切丁,甚至切分后成品的自动称重、分拣、贴标,都是由电脑系控制完成。在配送中心偌大的加工车间内,只有不到10名各自盯着眼前电子屏幕的操作工,屏幕上完整地显示出当前配送物品的各种信息,同时也在不断接收到最新的供货指令加工单。以一盒肉糜为例,从原料投入到包装完毕,整个过程不超过20分钟。

要"鲜"则必须要"快"。上海联华曾为此作过研究:自己要完成30家门店配送6 000箱商品的任务,从门店发出要货指令到配货中心仅需40分钟;而如果通过传统的操作流程,这项配货作业至少需要4小时,配送速度提高了,商品周转速度加快了,单位时间内货物配送总量的增加,使得配送的费率自然而然地降了下来。先进物流技术的力量,在商品配送中得到了真实的体现。

不只是成品生产流程,上海联华的大型智能配送中心实现了从门店发出要货指令,到配货完成发车,作业前后只需几十分钟的高速运转。在其他超市尚在使用传统配送系统的时候,联华已经有了通过国家有关部门鉴定的先进物流控制系统,这使得上海联华能够实现以两个总面积仅为5.7万平方米的配送中心满足1 000家门店配送需求、配送费率一直在2%以下的"奇迹"。

思考与讨论:

1. 上海联华是如何提高自己竞争优势的?
2. 简述上海联华生鲜食品加工配送中心降低配送成本的措施?

【同步测试】

一、单选题

1. 配送是由备货、理货和(　　)三个基本环节组成的。
   A. 分拣　　　　　　　　　　　B. 运输
   C. 送货　　　　　　　　　　　D. 包装
2. 配送成本实际上是含配送运输成本、储存保管成本、分拣成本、配装成本、(　　)等的全部费用。
   A. 流通加工成本　　　　　　　B. 人工费
   C. 设备费　　　　　　　　　　D. 其他费用
3. 配送成本具有(　　)、削减乘数效应、"效益背反"的特征。
   A. 递减性　　　　　　　　　　B. 隐蔽性
   C. 递增性　　　　　　　　　　D. 衍生性
4. 在包装费用中,包装标记、标志的印刷和拴挂物等费用是属于(　　)。
   A. 包装材料费　　　　　　　　B. 包装机械费
   C. 包装辅助费　　　　　　　　D. 包装技术费
5. 实施延迟策略常采用两种方式:生产延迟和(　　)。
   A. 形成延迟　　　　　　　　　B. 区域延迟
   C. 车辆延迟　　　　　　　　　D. 物流延迟

二、多选题

1. 下列成本项目,属于储存保管成本的是(　　)。
   A. 进出库费　　　　　　　　　B. 代运费
   C. 验收费　　　　　　　　　　D. 车船使用税
2. 流通加工成本的构成主要包括(　　)。
   A. 直接材料费用　　　　　　　B. 直接人工费用
   C. 制造费用　　　　　　　　　D. 管理费用
3. 配送成本控制方法包括(　　)。
   A. 控制标准法　　　　　　　　B. 平均年限法
   C. 绝对成本控制法　　　　　　D. 相对成本控制法
4. 不合理配送的表现形式有(　　)。
   A. 库存决策不合理　　　　　　B. 资源筹措的不合理
   C. 配送中心布局不合理　　　　D. 送货运输不合理

5. 采取（   ）方式可以达到控制配送成本的作用。
A. 混合配送　　　　　　　　　　B. 差异化配送
C. 合并配送　　　　　　　　　　D. 延迟配送

三、简答题
1. 简述配送成本的特征。
2. 简要分析配送成本的构成。
3. 简述不合理配送的表现形式。
4. 简述配送成本控制的优化途径。

项目八 包装与装卸搬运成本管理

【知识目标】

1. 了解包装作业、装卸搬运作业的内涵；
2. 明确包装成本、装卸搬运成本的构成及其内容；
3. 掌握包装成本、装卸搬运成本核算的方法及其成本优化的基本途径。

【技能目标】

1. 具有辨识各类包装成本、装卸搬运成本的能力；
2. 具有对各类包装成本、装卸搬运成本进行核算的初步能力；
3. 具有运用所学探寻降低包装成本、装卸搬运成本的初步能力。

【案例导入】

【案例一】

多年来，我国商品过度包装问题十分严重，让消费者叫苦不迭，也浪费了大量资源和能源。标准缺失是商品过度包装屡禁不止的重要原因之一。2007年我国通过了《限制商品过度包装通则》，该标准提出了限制商品过度包装的基本要求、限量要求和计算方法，要求包装材料适当化、减量化，结构简单化，对饮料、酒等六类产品，包装成本不宜超过商品出厂价的15%。其中，对部分商品包装的限量要求属强制性条款。

日常生活中，你关注过包装过度的现象吗？包装过度带来的直接后果是什么呢？会增加各种成本，会导致社会资源浪费，也会隐含商业欺诈，等等。例如，某品牌牛奶，有三天期最简便包装的，有利乐包装的，有瓶装的，还有盒装的等，试比较一下各自的品质和价位。试列举其它实例进行比较。

【案例二】

云南双鹤医药有限公司是北京双鹤这艘医药航母部署在西南战区的一艘"战舰"，是一个以市场为核心、现代医药科技为先导、金融支持为框架的新型公司，是西南地区经营药品品种较多、较全的医药专业公司。

虽然云南双鹤已形成规模化的产品生产和网络化的市场销售，但其流通过程中物流管理严重滞后，造成物流成本居高不下，不能形成价格优势。这严重阻碍了物流服务的开拓与发展，成为公司业务发展的"瓶颈"。

装卸搬运活动是衔接物流各环节活动正常进行的关键,而云南双鹤恰好忽视了这一点,由于搬运设备的现代化程度低,只有几个小型货架和手推车,大多数作业仍处于人工作业为主的原始状态,工作效率低,且易损坏物品。另外仓库设计的不合理,造成长距离的搬运。并且库内作业流程混乱,形成重复搬运,大约有70%的无效搬运,这种过多的搬运次数,损坏了商品,也浪费了时间。

思考: 结合案例分析说明云南双鹤药业公司业务发展的"瓶颈"。面对云南双鹤药业的现状,你能提出哪些改进措施?

任务一 包装成本构成与核算

一、包装概述

(一)包装的定义

包装是指为在流通过程中保护产品、方便储运、促进销售,按一定技术方法而采用的容器、材料及辅助物等的总体名称,也指为了达到上述目的而采用容器、材料和辅助物的过程中施加一定技术方法等的操作活动。包装作为物流活动的构成要素之一,与运输、仓储、搬运、流通加工等均有着十分密切的关系。包装是生产的终点,同时又是物流的起点,因而对包装环节进行管理与核算是物流成本管理的重要内容。

(二)包装的功能

1. 保护功能

保护功能是包装最基本的功能,即保护商品的安全和清洁。一件商品,要经过多次流通,才能走进商场或其他场所,最终到达消费者手中,这期间需要经过装卸、运输、库存、陈列、销售等诸多环节,很多外界因素,如撞击、潮湿、光线、气体、细菌等,都会威胁到商品的安全。因此,设计、选择合适的包装结构和材料,才能有效保证商品在流通过程中的安全。

2. 便利功能

便利功能是指商品的包装应便于使用、携带和储运,这就要求包装的大小、形态、材料、质量、标志等各个要素都应为运输、保管、验收、装卸等各项作业创造方便条件,也要求容易区分不同商品并进行计量。

3. 定量功能

定量功能又称单元化功能,是指可以通过包装将商品整理成为适合搬运、运输的单元,整理成为适合使用托盘、集装箱、货架或载重汽车、货运列车等运载的单元。从物流方面来考虑,包装单位的大小要和装卸、保管、运输条件的能力相适应。在此基础上应当尽量做到便于集中输送以获得最佳的经济效果,同时又要求能分割及重新组合以适应多种装运条件及分货要求。从商业交易方面来考虑,包装单位大小应适合于进行交易的批量,在零售商品方面,应适合于消费者一次购买。

4. 促销功能

好的包装,就是一个"无声的推销员",不但使产品看上去美观,有吸引力,而且能够树立品牌形象,激发顾客的购买欲望,企业应该充分利用包装的促销功能为企业销售目标服务。

(三)包装的分类

1. 按包装功能不同分类

按包装的功能不同分类,包装可分为工业包装和商业包装。

(1)工业包装。工业包装是以运输、保管为主要目的的包装,也就是从物流需要出发的包装,也称运输包装。工业包装的主要作用是具有保护功能、定量功能、便利功能和效率功能。

(2)商业包装。商业包装也叫零售包装或消费者包装,主要是根据零售业的需要,作为商品的一部分或为方便携带所作的包装。商业包装的主要功能是定量功能、标识功能、商品功能、便利功能和促销功能,主要目的在于促销,便于商品在柜台上零售或为了提高作业效率。

2. 按包装层次不同分类

按包装的层次不同,包装可分为内包装、中层包装和外包装。

(1)内包装。内包装即盛装产品的直接容器,如牙膏的软管。其作用和功能主要是保护、宣传、美化商品,便于陈列、识别、选购、携带和使用。

(2)中层包装。中层包装主要是用来保护内包装和促进销售,如牙膏的纸盒。

(3)外包装。外包装主要是方便运输、装卸和储运,减少损耗,便于检核。在包装中应选择合适的包装造型、材料、体积、轻重。运输包装必须标明各种标识,如识别标识、指示标识、警示标识。

二、包装成本的构成

包装作为生产的终点和物流的起点,无论是实施过程在生产企业,还是在物流企业,也无论其为工业包装还是商业包装,都需耗用一定的人力、物力和财力,对于大多数商品,都必须经过一定的包装后才能进行流转。因而为了方便商品正常流转,通常企业会发生一定的包装成本。对于物流企业来说,其包装成本一般由以下几方面构成。

1. 包装材料费用

包装材料费用是指各类物资在实施包装过程中耗费在材料上的费用支出。常见的包装材料有木材、纸、金属、塑料、玻璃、陶瓷等,这些包装材料功能不同,成本相差也较大。企业必须根据各类物资的特性选择适合的包装材料,既要达到包装效果,又要合理节约包装材料费用。

2. 包装技术费用

为了使包装的功能能够充分发挥作用,达到最佳的包装效果,在包装时,需采用一定的技术措施。比如实施缓冲包装、防潮包装、防霉包装等。这些技术的设计、实施所发生的支出即为包装技术费用。

3. 包装人工费用

在实施包装过程中,必须由工人或专业作业人员进行操作。对这些人员发放的计时工资、计件工资、奖金、津贴和补贴等各项费用支出,构成了包装人工费用。

4. 包装机械费用

包装过程中使用机械作业可以极大地提高包装作业的劳动生产率,同时可以大幅度提高包装水平。使用包装机械就会发生购置费用支出、日常维护保养费支出以及每个会计期间终了计提折旧,这些都构成了物流企业的包装机械费用。

5. 其他辅助费用

除了上述主要费用以外,物流企业有时还会发生一些其他包装辅助费用,如包装标记、包装标志的印刷、拴挂物费用、低值易耗品、燃料动力费等。

三、包装成本的核算

(一)包装材料费用的计算

企业的包装材料除少数自制外,大部分通过采购取得。外购包装材料的采购成本包括买价和入库前发生的采购费用。

1. 买价

买价即购买价格。对于购货时存在的购货折扣应予以扣除,即购入材料物资的入账价值按扣除折扣后的净额计价。买价可直接计入各种包装材料的成本。

2. 入库前发生的各种采购费用

(1)运杂费(包括运输费、装卸费、保险费、仓储费等)。
(2)运输途中的合理损耗。
(3)入库前的分拣整理费。
(4)购入材料负担的不能抵扣的税金和其他费用。

各种采购费用,凡能分清归属的,可直接计入各种包装材料的成本;不能分清的,可根据各种材料的特点,采用一定的分配方法,分配计入各种包装材料的成本,其分配标准通常按材料的重量、体积、买价等来进行分配。

例 8-1 已知企业购入 A 材料 1 000 千克,不含税单价为 20 元/千克;B 材料 1 500 千克,不含税单价为 10 元/千克。共支付运杂费 500 元,运杂费按材料重量比例分摊。计算 A、B 两种材料的采购成本。

解:分配率计算公式:

$$\text{分配率} = \frac{\text{应分配的运杂费}}{\text{A 材料重量} + \text{B 材料重量}} = \frac{500}{1\,000 + 1\,500} = 0.2 \text{ 元/千克}$$

A 材料应分摊的运杂费 = 1 000 × 0.2 = 200 元

B 材料应分摊的运杂费 = 1 500 × 0.2 = 300 元

A 材料的采购成本 = 买价 + 运杂费 = 1 000 × 20 + 200 = 20 200 元

B 材料的采购成本 = 买价 + 运杂费 = 1 500 × 10 + 300 = 15 300 元

(二)包装技术费用的计算

包装技术费用包括包装技术设计费用和包装技术购买费用。

(1)包装技术设计费用。包装技术设计费用是指在包装技术设计过程中所发生的与设计包装技术有关的一切支出,主要包括设计人员的人工费、设计过程中领用的材料或产品费及与设计有关的各种现金支出。

(2)当包装技术是通过购买专利等形式取得时,购买专利等的支出为包装技术购买费用。

(三)包装人工费用的计算

包装人工费用是指从事包装工作的操作工人与其他有关人员的工资、奖金、津贴、福利、五险一金等职工薪酬。

包装人工费用的计算必须有准确的原始记录资料,包括工资卡、考勤记录、工时记录、工作量记录等原始凭证。企业的会计部门根据劳动合同等有关规定和企业规定的工资标准、工资形式、奖励津贴等制度,以及相关原始资料计算每个包装工人及其他有关人员的工资费用,根据"工资分配汇总表""职工福利费计算表"和"五险一金计算表"等有关资料,直接计入包装成本。

(四)包装机械费用的计算

现代包装发展的重要标志之一是包装机械设备的广泛应用。包装机械设备不仅可以极大地提高包装的劳动生产率,改善劳动条件,也可以大幅度提高包装的质量水平。包装机械设备成本包括包装机械设备的折旧费、维修费和租赁费。

1. 折旧费

折旧费是指包装机械设备由于在使用过程中的损耗而定期逐渐转移到包装中的那部分价值。折旧的计提可以采用平均年限法、工作量法、年数总和法、双倍余额递减法。折旧方法一经确定,不得随意变更。如需变更,应在会计报表附注中予以说明。

2. 维修费

维修费是包装机械发生部分损坏而进行修理时支出的费用,可以分为中小修理和大修理。中小修理的费用直接计入当期成本,大修理的费用由于其支出额较大,可分期计入包装成本。

3. 租赁费

租赁费是企业从外部租入有关包装机械设备支付的费用,按实际支付金额计入包装成本。

(五)其他辅助费用的计算

包装标记、标志的设计印刷费用,按实际发生的支出计算;辅助材料费用按领用的实际成本计算;悬挂物、赠品费按企业自制获取时的实际成本计入包装成本。

任务二 包装成本控制与优化

商品包装管理是随着经济发展而出现的一种经济管理活动。商品包装管理的目的是通过实现包装合理化使商品流通有秩序地、协调地、富有成效地进行,并创造良好的经济效益。

一、包装成本的控制

企业可以从以下两方面加强对包装成本的控制。

(一)用科学方法确定最优包装

产品从出厂到最终销售目的地所经过的流通环境条件,如装卸条件、运输条件、储存条件、气候条件、机械条件等都对包装提出了要求,企业要根据不同的环境因素制定相应的措施。

(1)装卸因素。目前我国铁路运输,特别是汽车运输,还大多采用手工装卸。因此,包装的外形和尺寸就要适合于人工操作。另外,装卸人员素质低,作业不规范也会直接引发商品损失。因此,引进装卸技术、提高装卸人员素质、规范装卸作业标准等都会相应地促进包装、物流的合理化。

(2)保管因素。在确定包装时,应根据不同的保管条件和方式而采用与之相适合的包装强度。

(3)运输因素。运送工具的类型、输送距离的长短、道路情况等对包装都有影响。我国现阶段,存在很多种不同类型的运输方式:航空的直航与中转,铁路快运集装箱、包裹快件等,汽车的篷布车、密封厢车等,以上不同的运送方式对包装都有着不同的要求。

(二)防止包装不足和包装过度

由于包装强度不足、包装材料不足等因素所造成商品在流通过程中发生的损耗不可低估。由于包装物强度设计过高,保护材料选择不当而造成包装过度,这一点尤其在发达国家表现突出,日本的调查结果显示,发达国家包装过度约在20%以上。

二、包装成本的优化

包装成本优化即要实现包装合理化,指管理者对商品包装作业过程进行合理的组织,以最少的投入完成商品包装任务。实现包装合理化主要有以下几个途径。

1. 采用轻薄化包装材料

在满足包装的强度、寿命及成本的前提下,应当尽可能采用轻薄的包装材料,这样不但可以减轻货物的质量,而且可以在一定程度上减少废弃物。重型瓦楞纸板就是最新型的包装材料,加之精心研制的生产工艺,其强度已经远远超过了一般瓦楞纸板包装范围对强度的要求。一个长宽约一米、高半米的空纸箱在承受一辆近2吨的汽车重压和高温潮湿天气的考验下,能够一整天不坍塌,其强度可想而知。使用此材料和使用其他包装材料,特别是与木质包装材料相比,具有如下优势:降低包装成本;容易回收,保护环境;组装简单;操作安全,工作时间缩短;质量轻,可节省运费;能进行堆高存放;可密封包装;耐湿性强;可在箱体表面印刷;能做成特大尺寸的包装等。很多使用木质等包装材料的企业在使用重型瓦楞纸板后,整体的物流成本平均下降了10%~40%,而且增强了产品的防护性能,从而为客户产品价值的实现提供了有力的保障。

2. 建立规范的包装作业制度

建立规范的包装作业制度,增强包装作业的计划性,实行严格的质量管理制度,提高包装环节的作业质量,杜绝因员工工作的随意性给企业带来的材料浪费、工时延长、机器损坏等导致成本增长。加强员工职业技术培训,提高其作业熟练程度,强化成本意识,让降低成本的思想深入人心。

3. 实行包装标准化作业

包装标准是对各种包装标志、包装所用材料的规格和质量、包装的技术规范要求、包装的检验方法等的技术规定。包装标准化是实现产品包装科学合理的技术保证,但它不单是包装本身的事情,而是在整个物流系统实现合理化、有序化、现代化、低成本的前提下的包装合理化及现代化。

4. 采用机械化包装

在包装过程中引入机械化作业,可以大幅度地提高包装作业效率,减轻人工包装作业强度,有利于保证和控制包装质量,降低包装成本。

5. 实现包装的循环利用

这是降低包装成本非常有效的办法。包装中使用的大量瓦楞纸箱、木箱、塑料容器等通用包装要消耗大量的自然资源,应当循环多次使用或实现包装的阶梯利用,以达到节约自然资源、降低包装成本的目的。

许多包装材料都具有结实耐用的特点,但在包装作业中,由于种种原因,包装材料的回收状况却不尽如人意。企业应培养物尽其用、综合利用的意识,从制度上强调包装材料回收的重要性,加强包装过程中的日常管理与核算,做好包装的循环利用工作。

6. 优化包装作业,加强包装和物流其他环节的协调

为了降低物流包装成本,企业应当优化包装作业。如果企业的产品有固定的流通渠道和一定的数量规模,就可以采用周转包装。一种较为常见的周转包装形式是企业根据产品流通的速度、渠道和批量确定一定数量的周转托盘,通过对其进行多次反复的利用实现包装合理化,降低总的包装成本,但一味地降低包装成本而带来其他物流作业成本的上升,并不是真正意义上的降低包装成本。物流企业必须统筹兼顾相互影响的物流作业环节,加强物流环节的协同性、系统性,从降低物流成本的高度来优化包装成本。

任务三　装卸搬运成本构成与核算

一、装卸搬运概述

(一)装卸搬运的定义

"装卸"是物品在指定地点以人力或机械载入或卸出运输工具的作业过程。"搬运"是在同一场所内,对物品进行空间移动的作业过程。在物流活动中二者密不可分,相伴发生,通常被称为装卸搬运,它是指在同一地域范围内进行的,以改变物品的存放状态和空间位置为主要内容和目的的活动,具体包括装上、卸下、移送、拣选、分类、堆垛、入库、出库等活动,装卸搬运在物流活动中起承上启下的联结作用。装卸搬运与运输、储存不同,运输是解决物品空间距离的,储存是解决时间距离的,装卸搬运没有改变物品的时间或空间价值,因此往往不会引起人们的重视。可是一旦忽略了装卸搬运,生产和流通领域轻则发生混乱,重则造成生产活动停顿。

(二)装卸搬运的特点

1. 装卸搬运是附属性、伴生性的活动

装卸搬运是物流中心每一项活动开始及结束时发生的业务,因而时常被人忽视,有时也被看作是其他物流活动的组成部分。例如,一般而言的"汽车运输"也包含了相伴的装卸搬运,仓库中泛指的保管活动,也含有装卸搬运活动。

2. 装卸搬运是支持性、保障性活动

装卸搬运对其他物流活动有一定的决定性,搬运作业会影响其他物流活动的质量和速度。如装车不当,会引起运输过程中的损失;卸放不当,会引起货物转换成下一步运动的困难,许多物流活动在有效的搬运支持下,才能实现高水平生产。

3. 装卸搬运是衔接性的活动

任何其他物流活动之间相互过度时,都以装卸搬运来衔接,因而装卸搬运往往会成为整个物流系统的"瓶劲",是物流中心各功能之间能否形成一个有机整体的关键所在。

4. 装卸搬运是增加物流成本的活动

由于装卸搬运反复进行的次数多,累计成本的数量是不可忽视的。

(三)装卸搬运的分类

1. 按装卸搬运货品的属性进行分类

(1)成件包装货品的装卸搬运。有些货品虽然并不需要包装,但是为了方便装卸搬运,需要经过临时捆扎或装箱,从而形成装卸搬运单元。对这些装卸搬运单元的装卸搬运,称之为成件包装货品的装卸搬运。

(2)超大超重货品的装卸搬运。超大超得货品一般是根据人力可以方便装卸搬运的质量和体积来制订标准的。例如,单件货品的质量超过 50 千克或单件货品体积超过 0.5 立方米,都可算作超大超重货品。

(3)散装货品的装卸搬运。散装货品本身是在物流过程中处于无固定的形态,如煤炭、水泥、粮食等。因此,对这些散装货品的装卸搬运可以进行连续装卸搬运作业,也可以运用装卸搬运单元技术进行装卸搬运。

(4)流体货品的装卸搬运。流体货品是指气态或液态货品。如果对这些气体、液体货品经过包装,被盛装在一定的容器内,如瓶装、桶装,即形成成件包装货品;如果对这些货品采取罐装车形式,则需要采用相应的装卸搬运作业。

(5)危险品的装卸搬运。危险品是指化工产品、压缩气体、易燃易爆货品。这些货品在装卸搬运过程中有特殊的安全要求,如果装卸搬运不慎,随时都有发生重大事故的危险。因此,对其装卸搬运有特殊要求,要严格操作程序,确保装卸搬运作业的安全。

2. 按装卸搬运的特点进行分类

(1)堆垛拆垛作业。堆垛拆垛又称堆码取拆,包括堆放作业、拆垛作业、高垛作业和高垛取货作业。

(2)分拣配货作业。它是将货品按品种、订单等不同特征进行分类,并依据货品去向、品类构成等原则,将已分类的货品集合于车辆、集装箱、托盘等装货单元的作业。

(3)装卸搬运移动作业。装卸搬运移动作业是为了进行上述各项作业而发生的,以进行这些作业为主要目的的装卸搬运移动作业。它包括水平、垂直、斜行等几种装卸搬运移动作业以及由上述几种形式组成为一体的作业,显然这属于改变货品空间位置的作业。

二、装卸搬运成本的构成

(一)装卸搬运人工费

装卸搬运人工费是指从事装卸搬运工作的操作工人与其他有关人员的工资、奖金、津贴、福利、五险一金等职工薪酬。

人工费用计算必须有准确的原始记录资料,包括工资卡、考勤记录、工时记录、工作量记录等原始凭证。企业的会计部门根据劳动合同等有关规定和企业规定的工资标准、工资形式、奖励津贴等制度,以及相关原始资料计算每个装卸搬运工人及其他有关人员的人工费用。根据"工资分配汇总表"和"职工福利费计算表"等的有关资料,直接计入装卸搬运成本。

1. 个人计件工资

在实行计件工资制的企业,应付工人的计件工资等于职工完成的合格品数量乘计件单价。作业中发生的货损、货差,如果是因工作不慎造成的,不支付工资。如果工人在同一月份内从事多种作业,作业计件单价各不相同,就需逐一计算相加。其计算公式:

$$应付计件工资 = \sum 装卸搬运某货物数量 \times 装卸搬运该种货物的计件单价$$

也可以采用另一种方法计算工人的计件工资,即将月份内装卸搬运完成的各种产品折合为定额工时数,乘小时工资率。其计算公式:

$$完成定额工时数 = \sum 装卸搬运某货物数量 \times 装卸搬运该货物工时定额$$

$$应得的计件工资 = 完成定额工时数 \times 小时工资率$$

例 8-2 搬运工小明本月搬 A 产品 2 000 个,每个工时定额 3 分钟,搬运 B 产品 3 000 件,每件工时定额 2 分钟,该搬运工小时工资率为 30 元,计算其应得计件工资。

解:完成定额工时数 $= \dfrac{2\,000 \times 3 + 3\,000 \times 2}{60} = 200$(小时)

应得计件工资 $= 200 \times 30 = 6\,000$ 元

2. 班组集体计件工资

如果实行班组集体计件工资,在班组内按每人贡献大小进行分配,通常是按每人的标准工资和实际的工作时间(日数或工时数)的综合比例进行分配。其计算公式:

$$班组内工资分配率 = \dfrac{班组集体计件工资额}{\sum 每人日工资率(或小时工资率) \times 出勤日数(或工时数)}$$

某工人应得计件工资 = 该工人日工资率(或小时工资率) × 出勤日数(或小时数) × 班组内工资分配率

(二)燃料及动力费

燃料及动力费是指装卸搬运机械在运行和操作过程中所耗用的燃料、动力和电力费用。月终根据油库转来的装卸搬运机械领用燃料凭证,计算实际消耗数量与金额,计入成本。电力费用可根据供电部门的收费凭证或企业的分配凭证,直接计入装卸搬运成本。

(三)轮胎费

轮胎费是指装卸搬运机械领用的外胎、内胎、垫带及其翻新和零星修补费用。由于装卸机械的轮胎磨耗与行驶里程无明显关系。故其费用不宜采用按胎千米摊销的方法处理,应在领

用新胎时将其价值直接计入成本。如果一次领用的轮胎数较大,可作为预提费用或待摊费用,在一年内分月计入成本。

(四)修理费

修理费是指为装卸搬运机械和工具进行维护和小修所发生的工料费用,以及装卸搬运机械在运行过程中耗用的机油、润滑油的费用。为装卸搬运机械维修领用周转材料形成的费用和按规定提取的大修理费用,也列入本项目。装卸搬运机械在运行和操作过程中耗用的机油、润滑油以及保修领用周转材料形成的价值,月终根据油料库、仓库的领料凭证直接计入装卸搬运成本。

(五)折旧费

折旧费是指装卸搬运机械由于在使用过程中发生损耗,而逐渐转移到装卸搬运成本中的那部分价值。装卸搬运机械的损耗分为有形损耗和无形损耗。有形损耗是指装卸搬运机械在使用过程中,由于使用和自然力影响而引起的在使用价值和价值上的损失;无形损耗是指装卸搬运机械由于技术进步而引起的价值上的损失。

(六)工具及劳动保护费

工具费是指装卸搬运机械耗用工具的费用,包括装卸搬运工具的摊销额和工具的修理费。劳动保护费是指从事装卸搬运业务使用的劳动保护用品、防暑、防寒、保健饮料,以及劳保安全措施所发生的各项费用。工具费和劳保费在领用时按实际一次计入成本。

(七)租赁费

租赁费是指企业租入装卸搬运机械或装卸搬运设备进行装卸搬运作业,按合同规定支付的租金。租赁费发生时,将本期装卸搬运成本应负担的租金计入本期装卸搬运成本。

(八)事故损失费

事故损失费是指在装卸搬运作业过程中,因此项作业造成的应由本期装卸成本负担的货损、机械损坏、外单位人员人身伤亡等事故发生的损失,包括货物破损等货损、货差损失和损坏装卸机械设备所支付的修理费用。事故损失费应由本期负担的净损失计入成本。

(九)外付装卸搬运费

外付装卸搬运费是指支付给外单位支援装卸搬运工作所发生的费用,在支付费用时直接计入成本。

(十)其他费用

其他费用是指不属于以上各项目的其他装卸搬运费用。

三、装卸搬运成本的核算

1. 明确装卸搬运成本范围

装卸搬运是物流过程中一个重要环节,物流系统各个环节的前后或同一环节的不同活动之间都必须进行装卸搬运作业。因此,装卸搬运是物流不同活动阶段之间相互转换的桥梁,它把货物运动的各个阶段连接成连续的"流",使物流的概念名副其实。装卸搬运对劳动力的需求量大，还需要使用装卸设备，使其在整个物流成本中占有较大比重。就物流范围而言，装卸搬运成本存在于供应物流、企业内物流、销售物流、回收物流和废弃物物流整个物流活动的全程。

2. 确定装卸搬运成本对象

企业在进行装卸搬运作业时，应按照机械化作业和人工作业的不同，分别核算成本。如以机械作业为主仅配备少量人工作业时，可以只计算机械作业成本；如以人工成本为主仅配备少量机械时，可以只计算人工装卸搬运成本。因此，其成本对象是装卸搬运机械和装卸搬运工人。

3. 确定装卸搬运成本项目和期间

装卸搬运成本可以选择在会计期末（一般为月末）结合会计核算工作进行计算。如果装卸搬运作业批次或类别清楚，也可以在作业结束时按批次或类别计算装卸搬运成本。

4. 进行装卸搬运费用的归集与分配，登记账簿

成本核算人员应该严格审核有关物流装卸搬运费用的原始记录，如工时记录、工资结算单、折旧费用计提表等，根据原始凭证、记账凭证、会计明细账及其他有关资料，将一定会计期间内应计入本月物流成本的各项装卸搬运费用，从会计核算的有关成本费用账户中分离出来，在各种成本对象之间按照成本项目进行归集和分配，计算出各成本对象的装卸搬运成本，所有各项装卸搬运成本之和即为装卸搬运总成本。

5. 计算装卸搬运成本

要正确核算各种对象的成本，必须正确编制各种费用分配表和计算表，成本核算过程要有完整的记录，即通过有关的会计科目、明细账或核算表来完成计算的全过程。并且登记各类有关的明细账，计算出各种物流装卸搬运的成本。

例 8-3 装卸工李强装卸 A 产品 200 件，计件单价为 0.6 元，装卸 B 产品 100 件，计件单价 0.8 元，计算李强的计件工资。

解：该工人的计件工资为 $200 \times 0.6 + 100 \times 0.8 = 200$ 元

例 8-4 某企业一台装卸搬运机械原值 120 000 元，预计全部工作时间为 20 000 小时，预计净残值率为 2.5%，本月统计表明该机器工作时间为 300 小时。试采用工作量法计算本月该机器的折旧额。

解：每单位工作量折旧额 $= \dfrac{\text{固定资产原值} \times (1-\text{净残值率})}{\text{预计总工作量}}$

$= \dfrac{120\,000 \times (1-2.5\%)}{20\,000} = 5.85$（元/小时）

本月应提折旧额 = 每单位工作量折旧额 × 当月工作量

$= 5.85 \times 300 = 1\,755$ 元

例 8-5 某制造企业本月对外支付的装卸搬运费为 24 080 元，由外部装卸队装卸搬运的货物共计 860 吨，其中采购阶段装卸搬运材料 330 吨，企业内部在仓库与车间装卸搬运货物 120 吨，销售阶段装卸搬运库存商品 410 吨。装卸搬运费按货物重量进行分配。计算供应、生产和销售阶段的装卸搬运成本。

解：装卸搬运费分配率 = $\dfrac{24\,080}{330+120+410}$ = 28 元/吨

供应物流阶段对外支付的装卸搬运成本 = 330×28 = 9 240 元

企业内物流阶段对外支付的装卸搬运成本 = 120×28 = 3 360 元

销售物流阶段对外支付的装卸搬运成本 = 410×28 = 11 480 元

任务四 装卸搬运成本控制与优化

装卸搬运作业是衔接物流各个环节的活动，也是出现频率最高的一项物流活动，其效率的高低直接影响物流整体活动效率的高低，影响物流成本的高低。因此，应在各环节加强对装卸搬运成本的控制，尽量节约其时间和相关费用，实现装卸搬运作业的优化。装卸搬运成本优化主要是通过优化装卸搬运作业、加强安全管理减少装卸搬运中的损失，从而提高装卸搬运效率、降低装卸搬运成本。

一、优化装卸搬运作业

在物流活动中，装卸搬运成本的增加往往是装卸搬运作业不合理造成的，优化装卸搬运作业，可以采取以下有效措施。

1. 选择合理的装卸搬运机械

装卸搬运机械化是提高装卸搬运效率、降低装卸搬运成本的重要环节。装卸搬运机械化程度可以分为三个层次：第一层次是使用简单的装卸器具；第二层次是使用专用的高效率机具；第三层次是利用计算机控制实行自动化、无人化操作。以哪个作为目标实现装卸搬运机械化，要从是否经济、能否加快物流速度、能否减轻劳动强度和保证人与物的安全等方面来综合考虑。同时，装卸搬运机械的选择还必须根据装卸搬运物品的性质确定。

2. 提高装卸搬运货物的灵活性与可运性

提高装卸搬运货物的灵活性与可运性是合理进行装卸搬运作业、降低装卸搬运成本的有效手段之一。装卸搬运的灵活性就是要求装卸搬运作业为下一环节的物流活动提供方便，装卸搬运的可运性是指装卸搬运的难易程度。影响装卸搬运难易程度的因素主要有物品的外形尺寸、物品的密度或笨重程度、物品形状、易受损程度、物品所处的状态、物品的价值和使用价值等。

3. 选择合理的装卸搬运方式

在装卸搬运过程中，必须根据货物的种类、性质、形状、质量来确定装卸搬运方式。在装卸时，对货物的处理大致有三种方式：一是分块处理，即按普通包装对货物逐个进行装卸；二是散装处理，即对粉粒状货物不加小包装而进行的原样装卸；三是单元组合处理，即货物以托盘、集装箱为单位进行组合后的装卸。

4. 充分利用重力以减少体力活动的消耗

装卸搬运时充分利用货物本身的质量，进行有一定高度落差的装卸搬运，可以减少体力劳动的消耗，从而减少装卸搬运成本。例如从卡车、铁路货车卸货时，利用卡车与地面或小搬运

车之间的高度落差,使用溜槽、滑板之类的简单工具,依靠货物本身的质量,使货物从高处滑落至地处,可以实现不消耗动力的装卸搬运。

5. 防止和消除无效作业

在物流装卸搬运作业中,无效装卸搬运是指消耗于装卸搬运货物必要劳动之外的多余劳动。为了防止和消除无效作业,可以采取以下六项措施。

(1)减少装卸搬运次数。减少装卸搬运作业次数也就减少了装卸搬运作业量,不但可以减少装卸搬运成本,而且能加快物流速度,减少场地占用和装卸搬运事故的发生。因此,在物流个环节的组织安排中,需要合理统筹,尽可能减少整个物流过程中装卸搬运的次数,避免无效作业。

(2)包装要适宜。物品的包装会直接影响装卸搬运效率,进而影响装卸搬运成本,物品包装过大,在装卸搬运时会消耗较多的体力或动力而产生无效劳动。因此,在确定包装要求的前提下,应采用轻型化、简单化和实用化的包装,以减少或消耗源于包装的无效劳动。

(3)提高装卸搬运货物的纯度。进入物流过程的货物,有时混杂着没有使用价值或客户不需要的各种杂物,在装卸搬运时,这些物质也会消耗劳动,形成无效作业。

(4)缩短装卸搬运作业的距离。货物在装卸搬运过程中,主要是实现水平或垂直两个方向的位移。选择最短的线路完成这一活动,从某种程度上可以避免装卸搬运距离上的无效作业。

(5)实现规模效益。在装卸搬运时,充分利用各种装卸搬运机具或集装的方法,使装卸搬运实现规模效益,从而使一次操作达到最合理的装卸搬运量,进而降低装卸搬运单位成本。

(6)保持物流均衡、顺畅与协调。装卸搬运作业受运输等其他物流环节的制约,其节奏不能完全自主决定。企业必须综合考虑各方面因素,妥善安排,促使物流各环节作业尽量均衡、顺畅与协调。

二、加强安全管理,减少装卸搬运损失

装卸搬运是比较容易发生货损和事故的环节。加强对装卸搬运作业的安全管理,不仅可以防止和消除货损、人员伤亡事故,又可以减少装卸搬运的事故损失,降低装卸搬运成本。装卸搬运的安全管理可以从以下三个方面着手。

1. 保证装卸人员安全

为保证装卸搬运作业人员的安全,上岗前应对装卸搬运人员进行培训,使其掌握必要的作业规程,按要求进行搬运。如在进行危险品搬运时,不得进食和吸烟;夏季作业注意防暑,冬季作业注意防滑防冻等。

2. 保证货物安全

在装卸搬运环节货物容易发生损坏,因此在装卸搬运过程中应严格按货物包装上的标志操作。对于货物容易发生磕碰的关键部位,采取适当的措施加以保护;对精密、特殊产品还要防止装卸搬运过程中的振动和温度、湿度等环境因素的影响;对易燃、易爆或对人身安全有影响的产品,严格按规定的操作程序实施装卸搬运。

3. 保证机械设备的安全

装卸搬运机械设备的良好运行是保证作业安全的重要因素,因此在装卸搬运机械设备的使用上,应时刻注意设备的安全。如机械运转前必须进行适当的检查;严格按照设备规定的负载作业,不超载、不超速;加强对装卸搬运设备的维护保养,实行使用与维修相结合,确保装卸搬运机械设备始终处于良好的状态。

项 目 小 结

在物流活动中,包装、装卸搬运是经常发生的一项作业,降低包装、装卸搬运成本对于降低物流成本具有重要的意义。

加强包装、装卸搬运成本管理需要了解包装、装卸搬运成本的构成,加强包装、装卸搬运成本核算与分析,从而控制包装、装卸搬运成本。

促进包装、装卸搬运成本的优化是每个企业要考虑的一个重要问题,实施合理化措施将会对企业包装、装卸搬运成本管理起到积极的作用,建立优化的包装、装卸搬运成本管理系统对企业具有深远的影响。

【技能训练】

1. 进行市场调研,收集关于包装材料和包装容器的资料,根据资料适当归类、分析以下问题:

(1)所收集到的包装材料有哪些种?成本是如何构成的?

(2)列举所收集资料中包含的包装容器,找出过度包装和最经济实惠的包装容器各三种,指出其利弊。

2. 结合一家主要为人工装卸搬运或者具有机械化装卸搬运作业的物流企业,了解该企业装卸搬运管理的现状,分析装卸搬运成本的构成情况、存在的问题并提出改进建议。对企业的选择可以采取多种方式,如学校统一组织的参观;由任课教师指定某企业、学生通过各种渠道搜集资料;学生自己选择比较熟悉的物流企业等。

【同步测试】

一、单选题

1.(　　)作业是生产的终点,物流的起点。

　　A. 搬运　　　　　　B. 运输　　　　　　C. 仓储　　　　　　D. 包装

2.(　　)保护功能是包装最基本的功能,即保护商品的安全和清洁。

　　A. 保护　　　　　　B. 便利　　　　　　C. 定量　　　　　　D. 促销

3.(　　)是指包装机械设备由于在使用过程中的损耗而定期逐渐转移到包装中的那部分价值。

　　A. 材料费　　　　　B. 维修费　　　　　C. 折旧费　　　　　D. 租赁费

4. 与其他环节相比,(　　)具有伴随性的特征。

　　A. 运输　　　　　　B. 仓储　　　　　　C. 配送　　　　　　D. 装卸搬运

5. 下列选项中不属于装卸搬运合理化原则的是(　　)。

　　A. 消除无效搬运　　　　　　　　　　　B. 提高搬运活性

　　C. 尽量采用人工操作　　　　　　　　　D. 采用集装单元化作业

二、多选题

1. 按包装的功能不同分类,包装可分为( )。
   A. 工业包装　　　B. 运输包装　　　C. 商业包装　　D. 物流包装
2. 包装技术费用包括( )。
   A. 包装机械费用　　　　　　　　B. 包装技术设计费用
   C. 包装材料费用　　　　　　　　D. 包装技术购买费用
3. 按装卸搬运的特点进行分类,可以把装卸搬运作业分为( )。
   A. 堆垛拆垛作业　　　　　　　　B. 危险品搬运作业
   C. 分拣配货作业　　　　　　　　D. 装卸搬运移动作业
4. 燃料及动力费是指装卸搬运机械在运行和操作过程中所耗用的( )。
   A. 燃料　　　　　B. 修理费　　　C. 动力　　　　D. 电力费用。
5. 装卸搬运的安全管理表现在保障( )。
   A. 装卸人员安全　B. 货物安全　　C. 作业安全　D. 机械设备安全

三、简答题

1. 包装有哪些功能?
2. 简述包装成本的构成。
3. 控制包装成本的方法有哪些?
4. 简述装卸搬运成本的构成。

四、计算题

1. 某物流企业同时购入两种包装材料,其中 A 包装材料 600 张,50 元/张;B 包装材料 300 张,80 元/张。共发生运杂费 1 800 元,运杂费按照材料的数量进行分配。假设不考虑增值税,计算两种包装材料的实际采购成本。

2. 某物流企业有一台装卸搬运设备,原值 292 600 元,预计净残值率 4%,预计全部工作时间为 26 000 小时,本月统计表明该机器工作时间为 280 小时。试采用工作量法计算本月该机器的折旧额。

项目九 物流成本绩效管理

【知识目标】

1. 掌握物流成本绩效评价的含义、原则及步骤；
2. 了解物流责任中心的含义、特征及业绩考核；
3. 明确物流企业绩效评价指标体系；
4. 了解物流企业绩效综合评价。

【技能目标】

1. 对物流责任中心进行业绩考核；
2. 运用物流成本绩效评价指标体系进行物流成本绩效评价；
3. 运用平衡计分卡法进行物流成本绩效评价；
4. 运用标杆法进行物流成本绩效评价。

【案例导入】

某公司甲、乙两个客户每年都从公司购买3 000件产品，甲客户每次订50件，乙客户每次订60件。由于公司产品50件装一箱，所以对乙的订货需要使用散装货。表面上看公司似乎能从乙客户获得更多的利润，因为乙客户只订货50次。但经过成本计算发现，公司由于为乙客户提供了散装货服务，与甲客户相比，多提供了500个散装产品的挑选、移动作业，结果发生在乙客户上的实际物流成本比甲客户高。如果没有将成本和服务综合考虑，很可能会得出公司从乙客户得到的利润与甲客户一样多，甚至比甲客户更多的结论。任何活动都需要经过评价，才能知道其绩效情况。

思考：结合此案例讨论，绩效的含义是什么？为什么要进行物流成本绩效评价？

任务一 物流成本绩效评价概述

一、物流成本绩效评价的含义

物流成本绩效评价是物流企业绩效评价的重要内容，其实质是对物流成本的效益进行分析，通过对物流财务指标的分析，力求比较全面地反映物流成本效益水平，为物流成本管理和决策提供依据。

物流成本绩效评价是以物流活动分权管理为基础,将企业物流过程划分为各种不同形式的责任中心,对每个责任中心明确其权利、责任及其绩效计量和评价方式,建立起一种以责任中心为主体,责、权、利相统一的机制,通过信息的积累、加工、反馈,从而形成的物流系统内部的一种严密控制系统。

物流成本绩效评价的基础工作包括以下内容。

1. 合理划分责任中心,明确规定权责范围

实施物流成本绩效评价首先要按照分工明确、责任明确、便于考核的原则,合理划分物流责任中心。其次必须依据各个物流责任中心的特点,明确规定其权责范围,使每个物流责任中心在其权责范围内,独立行使其职责。

2. 定时编制责任预算,明确各物流责任中心的考核标准

定期编制责任预算,使物流活动的总体目标按各个物流责任中心进行分解、落实和具体化,并以此作为开展日常物流经营活动的准则及评价工作成果的基本内容。

3. 区分各个物流责任中心的可控和不可控费用

对各个物流责任中心工作成果的评价与考核,应仅局限于其可控项目,不能把不该由他负责的不可控项目列为考核项目。因此,要对企业所发生的全部物流成本一一判别责任归属,分别落实到各个物流责任中心,并根据可控费用来科学地评价各个物流责任中心的成绩。

4. 合理制定内部转移价格

为分清经济责任,正确评价各个物流责任中心的工作成果,各物流责任中心之间相互提供的产品、劳务和服务,要根据各物流责任中心经营活动的特点,合理制定内部转移价格,并据此进行结算。

5. 建立健全严密的记录、报告系统

要建立一套完整的日常记录,计算和考核有关责任预算执行情况的信息系统,以便计量和考核各物流责任中心的实际经营业绩,并对各个物流责任中心的实际业绩起反馈作用。一个良好的报告系统,应当具有相关性、适时性和准确性等特征,报告的内容要适应各级管理人员的需要,要列出其可控范围内的有关信息。

6. 制定合理有效的奖惩制度

要对各个物流责任中心制定一套既完整又合理有效的奖惩制度,根据其实际工作成果的好坏进行奖惩,做到功过分明,奖惩有据。奖惩制度及其执行包括以下内容。

(1)奖惩制度必须结合各物流责任中心的预算责任目标制定,体现公平、合理、有效的原则。

(2)要形成严格的考评机制,包括建立考评机构、程序,审查考评数据,按照制度进行考评,执行结果。

(3)要把过程考核和结果考核结合起来,一方面要求在绩效评价过程中随时考核各物流责任中心的责任目标和执行情况,并根据考核结果进行奖惩;另一方面要求一定时期终了,根据预算的执行结果,对各物流责任中心进行全面考评,并进行相应奖惩。

二、物流成本绩效评价的原则

1. 整体性原则

绩效评价要反映整个物流系统的运营情况,不仅是某一个环节的运营情况,在设计评价指标和标准时,还要着眼于整体的优化,不因为局部利益影响整体利益。

2. 动态性原则

绩效评价要反映未来物流系统的运营情况,对未来的趋势进行预测,这就要求通过成本绩效评价,预见未来趋势并做出正确的判断。

3. 例外性原则

物流活动涉及面广,内容较多。通过评价,要找到例外情况的存在,使管理人员将注意力集中到少数严重脱离预算的因素和项目,并对其进行深度的分析。

三、物流成本绩效评价的步骤

物流成本绩效评价可以按以下步骤进行。

1. 确定评价工作的组织机构

评价工作的组织机构直接组织实施评价活动。该机构成员要具备丰富的物流管理经验和财务会计专业知识,熟悉物流成本绩效评价业务,能够坚持原则,秉公办事,并具有较强的综合分析判断能力。

2. 制定评价方案

评价工作机构在制定评价方案时,应当明确评价对象。物流成本绩效评价的对象是整个物流企业。其次是建立评价目标、评价指标、评价标准、评价方法和报告形式,评价目标是整个评价工作的指南;评价指标是评价的具体内容,是评价方案的重点和关键;评价标准由年度预算标准和物流行业标准确定,标准的选择取决于评价目标。物流成本绩效评价主要采取定量评价的方法,根据评价目标,形成绩效报告形式。

3. 收集和整理相关数据资料

需要收集的相关数据资料包括:物流企业以前年度的物流成本绩效评价报告,同行业的评价标准和评价方法,物流企业的各项物流作业业务数据和财务数据。

4. 进行绩效评价

根据既定的评估方案和确定的评估方法,利用收集的数据资料加以整理,计算评价指标的数值。

5. 编制绩效评价报告

根据评价方案中的评价报告形式,将绩效评价的实际指标值填列到报告中,并对相关指标进行分析。

6. 得出绩效评价报告

对评价过程中形成的各种书面材料进行分析,并结合相关材料,得出绩效评价结果,形成绩效评价报告,建立绩效评价档案。

任务二 物流责任中心考核

一、物流责任中心的含义

为了对企业物流活动实施有效的绩效评价,按照统一领导、分级管理的原则,通常将企业的物流经营过程划分为若干责任单位,明确各责任单位应承担的经济责任、具有的权力和享有的经济利益,促使各责任单位各负其责,相互协调配合。物流责任中心就是承担一定的经济责任,并具有一定的权力和享有经济利益的各级物流组织和各个物流管理层次。

企业为了保证预算管理的顺利实施,可以把总预算中确定的目标和任务,按照物流责任中心逐层进行指标分解,形成物流责任预算,并以此为依据对各个物流责任中心的预算执行情况进行检查和业绩评价。因此,建立物流责任中心是进行物流绩效评价的基础。

二、物流责任中心的特征

物流责任中心具有如下特征。

1. 物流责任中心是一个责任权利相结合的实体

每个物流责任中心要对一定的财务指标的完成承担责任,同时企业赋予物流责任中心与其责任大小和范围相对应的权力,并制定相应的业绩考核标准和利益分配标准。

2. 物流责任中心具有相对独立的经营活动和财务收支活动

物流责任中心具有与经营活动相应的责任、权力和利益,并对其负责的经营活动项目具有可控性,一般来讲,责任层次越高,可控范围就越大。物流责任中心具有履行经营活动的能力,并对其后果承担责任。

3. 物流责任中心进行独立经济核算

物流责任中心不仅要划清责任而且要单独核算,划清责任是前提,单独核算是保证。只有进行独立经济核算的物流企业内部单位,才能作为一个物流责任中心。

三、物流责任中心的考核

物流责任中心考核主要考核各个物流责任中心的工作成果,分析、评价各物流责任中心责任预算的实际执行情况,进行奖惩,促进各个物流责任中心积极纠正偏差,完成物流责任预算的过程。物流责任中心业绩考核包括狭义和广义两种。狭义的业绩考核仅对各物流责任中心的价值指标,如对成本、收入、利润和资产占用等责任指标的完成情况进行考核;广义的业绩考核除了上述价值指标之外,还包括对各物流责任中心的非价值责任指标的完成情况进行考核。

物流业绩考核可以根据不同物流责任中心的特点进行,分为物流成本中心业绩考核、物流利润中心业绩考核和物流投资中心业绩考核三大类。

1. 物流成本中心

在企业内部,通常形成一个自上而下、层层负责的物流成本中心体系。企业物流成本中心只对成本和费用负责,一般包括企业内部从事物流采购、运输、仓储、配送、流通加工、包装以及信息处理等部门给予一定费用指标的物流管理部门。

企业物流成本中心分为技术性物流成本中心和酌量性物流成本中心。技术性物流成本中心是指其成本发生数额可以通过技术分析相对准确地估算出来,如商品在包装和流通加工过程中发生的直接材料、直接人工和间接制造费用等,技术性物流成本可以通过弹性预算予以控制。酌量性物流成本中心是指其成本发生数额可以由管理人员决定,主要包括各种物流管理费用和间接成本,如商品的研发费用、信息系统费用等,酌量性物流成本的控制着重在预算总额的控制上。

物流成本中心的成本与传统物流成本有很大的区别。第一,它是以物流责任中心为对象进行成本收集、核算,是责任成本。第二,它所计量和考核的成本是可控成本,是针对特定责任中心而言的,其业绩评价和考核以其可控成本作为主要依据,不可控成本仅作参考。

2. 物流利润中心

物流利润中心既能控制成本,也能控制销售收入和利润,一般是具有独立经营决策权的物流组织和部门。

企业物流利润中心包括两种形式,一是自然物流利润中心,它是企业内部的一个责任单位,如企业内实行独立核算的运输、配送等物流部门;二是人为物流利润中心,这种物流利润中心仅对本企业提供各种物流服务,不面向市场提供劳务和服务。

物流利润中心业绩的考核和评价,主要是通过一定期间实际实现的利润同"责任预算"所确定的预计利润进行比较,对差异产生的原因和责任进行具体分析,从而对物流利润中心进行业绩评价和奖惩。通常以"边际贡献"作为业绩评价指标。其计算公式:

$$边际贡献 = 销售收入总额 \times 变动成本总额$$

3. 物流投资中心

物流投资中心既要对收入、成本和利润负责,又要对投资效果负责。物流投资中心是最高层次的责任中心,一般情况下是采取分权管理的大型企业,承担母公司物流业务的子公司往往属于物流投资中心。

为了准确计算各物流投资中心的效益,要对各物流投资中心共同使用的资产划定界限,对共同发生的成本按标准进行分配,各物流投资中心之间相互调剂使用的资金、物质,均应计息清偿,有偿使用。同时根据各物流投资中心的投入产出之比进行业绩评价和考核,除了考核利润指标外,主要计算投资利润率和剩余收益两个指标。其计算公式:

$$投资利润率 = 利润/资产额 \times 100\%$$

或

$$投资利润率 = 资本周转率 \times 销售成本率 \times 成本费用利润率$$

$$剩余收益 = 利润 - 投资额 \times 规定或预期的最低投资报酬率$$

例如,某企业下设 A、B 两个物流配送中心,具有独立的经营权和投资决策权。该企业加权平均最低投资利润率为 10%,现两个中心追加投资,有关资料见表 9-1。

表 9-1 物流投资中心指标计算

项目	子项目	投资额/万元	利润额/万元	投资利润率/万元	剩余收益/万元
追加投资前	A	20	1	5	$1-20\times10\%=-1$
	B	30	4.5	15	$4.5-30\times10\%=1.5$
	Σ	50	5.5	11	$5.5-50\times10\%=0.5$
A 中心追加投资 10 万元	A	30	1.8	6	$1.8-30\times10\%=-1.2$
	B	30	4.5	15	$4.5-30\times10\%=1.5$
	Σ	60	6.3	10.5	$6.3-60\times10\%=0.3$
B 中心追加投资 20 万元	A	20	1	5	$1-20\times10\%=-1$
	B	50	7.4	14.8	$7.4-50\times10\%=2.4$
	Σ	70	8.4	12	$8.4-70\times10\%=1.4$

根据表 9-1 中资料评价 A、B 两个物流投资中心的经营业绩可知,如果以投资利润率为考核指标,追加投资后 A 的投资利润率由 5% 提高到 6%,B 的投资利润率由 15% 下降到 14.8%,则 A 投资效果比 B 好;但以剩余收益作为考核指标,A 的剩余收益由原来的 -1 万元变成 -1.2 万元,B 的剩余收益由原来的 1.5 万元变成 2.4 万元,应当向 B 投资。如果从整个公司的角度进行评价,就会发现 A 追加投资时全公司投资利润率由 11% 下降到 10.5%,剩余收益由 0.5 万元下降到 0.3 万元;B 追加投资后,全公司投资利润率由 11% 上升到 12%,剩余收益由 0.5 万元上升到 1.4 万元,这和用剩余收益指标评价各物流投资中心的结果一致。因此,以剩余收益作为评价指标可以保持各物流投资中心目标与公司总获利目标的一致性。

任务三 物流成本绩效评价指标体系

一、物流成本的全面指标分析

物流成本的全面指标分析是以物流企业整体的物流成本为依据,通过物流成本和其他要素的相关关系来分析评价企业物流活动的水平。

1. 物流成本率

$$物流成本率=物流成本/销售额\times100\%$$

使用该指标时是把物流部门作为独立的利润中心进行考核的,该指标用来说明单位销售额需要支出的物流成本。公式中的物流成本是完成物流活动所发生的真实成本,包括采购成本、库存成本、配送成本、运输成本和包装成本等。这个指标值越高则其对价格的弹性越低,说明企业单位销售额需要支出的物流成本越高。从历年的数据中,可以大体了解其动向,通过与同行业和外行业进行比较,可以进一步了解企业的物流成本水平。但该比率受价格和交易条件的变化影响较大,因而存在一定的缺陷。

2. 单位物流成本率

$$单位物流成本率 = 物流成本/企业总成本 \times 100\%$$

使用该指标进行分析时是把物流部门作为成本中心来考核的,该指标用来评价企业物流成本占企业总成本的比例。这是考核物流成本占总成本比率的一个指标,一般作为考核企业内部的物流合理化或检查企业是否合理化的指标来使用。该指标越大,说明物流成本占企业总支出的比例越大,此时应分析原因,找出改进的方法。

3. 单位营业费用物流成本率

$$单位营业费用物流成本率 = 物流成本/(销售费用 + 一般管理费用) \times 100\%$$

该指标用来分析物流成本占营业费用的比例。公式中的物流成本指的是物流活动的全部成本;销售费用是指企业销售过程中发生的全部支出,一般管理费用是指企业日常经营过程中发生的支出。通过该指标可以判断企业物流成本的比例,且该指标不受进货成本变动的影响。该指标适合于作为企业物流过程合理化的评价指标。

4. 物流职能成本率

$$物流职能成本率 = 物流职能成本/物流总成本 \times 100\%$$

使用该指标时,企业应合理划分企业的物流职能,采用切实可行的方法计算出各项物流职能的成本,为提高物流过程的管理水平提供依据。该指标可以计算出包装费、运输费、保管费、装卸费、流通加工费、信息流通费、物流管理费等各物流职能成本占物流总成本的比率,为企业物流成本控制提供依据。

5. 产值物流成本率

$$产值成本率 = 物流成本/企业总产值 \times 100\%$$

该指标用来分析企业创造单位产值需要支出的物流成本,是一定时期生产一定数量产品过程中物流成本占总产值的比率。该指标表明每生产 100 元产值所需耗费的生产成本。该指标反映了物流过程所耗费的经济效果,企业投入产出率高,物流成本耗费低,该指标的值就越低。

6. 物流成本利润率

$$物流成本利润率 = 利润总额/物流成本 \times 100\%$$

该指标表明在物流活动中,耗费一定量的资金所获得的经济利益的能力。它是分析一定时期生产和销售一定数量产品所发生的物流成本与所获得的利润总额的比率。该指标高就说明市场竞争能力强,产品成本水平低,盈利能力强。但该指标受众多因素的影响,主要有销售产品的价格、销售数量、销售税金及附加、其他业务利润、营业外收支、产品的结构,各功能物流成本的大小等。

7. 物流效用增长率

$$物流效用增长率 = 物流成本本年比上年增长率/销售额本年比上年增长率 \times 100\%$$

该指标用来分析物流成本变化和销售额变化的关系,说明了物流成本随销售额的变化的水平。该指标合理的比例应该小于1,如果比例大于1,说明物流成本的增长速度超过了销售额的增长速度,应引起重视。

二、物流成本的具体评价指标分析

1. 进出货物流过程指标分析

进货是货物进入物流中心的第一个阶段,而出货是物流过程的最后阶段,出货和进货是否有效率,严重影响其他物流进程。

(1) 每小时处理进货量＝进货量/(进货人员数×每日进货时间×工作天数)

每小时处理出货量＝出货量/(出货人员数×每日进货时间×工作天数)

(2) 每台进出货设备的装卸货量＝(进货量＋出货量)/装卸设备数×工作天数

该指标用来评价每台进出货设备的工作量。

(3) 每台进出货设备每小时的装卸货量＝(进货量＋出货量)/(装卸设备数×工作天数×每日进出货时数)

该指标用来评价每台进出货设备的工作效率。

2. 储存物流过程效率分析

(1) 储区面积率＝储区面积/物流中心建筑面积

储区是物流过程不可缺少的部分,该指标用来衡量厂房空间的利用率是否恰当。

(2) 可供保管面积率＝可保管面积/储区面积

该指标用来判断储区内的通道规划是否合理。

(3) 储位容积使用率＝存货总体积/储位总容积

单位面积保管量＝平均库存量/可保管面积

(4) 库存周转率＝出货量/平均库存量

或者 库存周转率＝营业额/平均库存金额

该指标可用来检查公司的营运绩效和衡量现今存货是否恰当。

(5) 库存掌握程度＝实际库存量/标准库存量

该指标作为设定产品标准库存的比率依据。

(6) 呆废料率＝呆废料件数/平均库存量

或者 呆废料率＝呆废料金额/平均库存金额

该指标用来衡量物料耗损对资金积压的影响情况。

3. 盘点作业效率分析

(1) 盘点数量误差率＝盘点误差量/盘点总量

该指标是用来衡量库存管理优势,作为是否加强盘点或改变管理方式的依据,以降低公司的损失机会。

(2) 盘点品种误差率＝盘点误差品种数/盘点实施品种数

该指标是由衡量盘点误差品种数据的大小来检讨盘点误差主要的原因。

4. 物流订单作业效率评价

(1) 平均每日来单数＝订单数量/工作天数

(2) 平均客户订单数＝订单数量/下单客户数

(3) 平均每订单包含货物件数＝出货量/订单数量

(4) 平均客户订单价值＝营业额/订单数量

(5)   订单延迟率＝延迟交货订单数/订单数量

该指标用来衡量交货的延迟情况。

(6)   缺货率＝接单缺货量/出货量

该指标是用来反映存货控制决策是否得当,是否应该调整订购点与订购量的基准。

(7)   短缺率＝出货品短缺数/出货量

该指标能反映出货作业的精确度。

5. 拣货作业效率分析

以下两项指标用来衡量公司对拣货作业的投资程度,以及检查有无相对贡献的产出情况。

(1)   拣货人员装备率＝拣货设备成本/拣货人员数

(2)   拣货设备成本产出比率＝出货品体积数/拣货设备成本

以下四项指标将拣货成本与产出的拣货效益作比较,以控制拣货成本,提高拣货效益。

(1)   每订单投入拣货成本＝拣货投入成本/订单数量

(2)   每订单毛数投入拣货成本＝拣货投入成本/订单总笔数

(3)   每取货件数投入拣货成本＝拣货投入成本/拣货单位累计总件数

(4)   单位体积投入拣货成本＝拣货投入成本/出货品体积数

6. 配送作业效率评价指标

以下四项指标用来评估配送人员的工作分摊及其物流过程贡献程度,以衡量配送人员的能力负荷与物流过程绩效,判断是否需要增配配送人员人数。

(1)   平均每人的配送量＝出货量/配送人员数

(2)   平均每人的配送距离＝配送总距离/配送人员数

(3)   平均每人的配送质量＝配送总质量/配送人员数

(4)   平均每人的配送车次＝配送总车次/配送人员数

以下三个指标用来评估车辆的负荷,以判断是否需要增减配送车数量。

(1) 平均每台车的吨千米数＝(配送总距离×配送总重量)/(自车数量＋外车数量)

(2)   平均每台车的配送距离＝配送总距离/(自车数量＋外车数量)

(3)   平均每台车的配送质量＝配送总质量/(自车数量＋外车数量)

7. 采购作业过程效率分析

(1)   采购成本占营业额的比率＝采购成本/营业额

该指标用来衡量采购成本的合理性。

(2)   货物采购及管理总费用＝采购物流过程费用＋库存管理费用

该指标用来衡量采购和库存政策的合理性。

8. 物流作业整体效率分析

(1)   人员生产量＝出货量/公司总人员

(2)   人员生产率＝营业额/公司总人数

(3)   固定资产周转率＝营业额/固定资产总额

该指标用来衡量固定资产的运作绩效,评估所投资的资产是否充分发挥效用。

(4)   产出与投入平衡＝出货量/进货量

该指标用来衡量是否维持低库存量,与零库存存差距有多远。

(5) 　　　　　每天营业金额＝总营业额/工作天数

该指标用来衡量公司营运过程的稳定性。

(6) 　　　　营业成本占营业额比率＝营业额成本/营业额

该指标用来衡量营业支出占营业额比率是否过高,测定营业成本费用与负担对该期损益影响的程度。

用以上这些指标来考核、分析工作成绩。如果采取提高各项水平的措施,是不能取得预期效果的。必须充分考虑有关因素之间的二律背反关系,采取对策,实现降低物流成本的目标。

任务四　物流企业绩效综合评价

传统的物流绩效评价系统侧重于静态的财务业绩评价,随着物流活动日益复杂化,单纯的财务指标已经难以全面地评价企业物流部门的经营业绩。20世纪90年代以来,西方的一些大企业发现传统的财务业绩指标和方法已经越来越阻碍企业物流业务的发展,存在着重短期利益轻长期利益、重局部利益轻全局利益的诸多缺陷。因此,人们提出了将财务指标和非财务指标相结合的绩效评价方法,如平衡记分卡法、标杆法等。

一、平衡记分卡法

(一)平衡记分卡法的含义

平衡记分卡法是由美国哈佛大学的卡普兰教授和诺顿教授于1992年在《哈佛商业评论》上率先提出来的,它打破了传统的绩效评估体系,建立了一个全新的绩效评估体系,为管理人员提供了一个全面的框架,用于把企业的战略目标转化为一套系统的绩效测评指标。平衡记分卡法应用于绩效评估与控制,可以克服传统的绩效评估的不足,将财务测评指标和业务测评指标结合在一起使用,从而能够同时从几个角度对绩效进行快速而全面的考察。

平衡记分卡法使用了一些关键的绩效指标,其中大多数是非财务的指标,针对传统的财务指标为主的业绩考核方式,它们为管理者提供了实现战略目标的更好的方法。平衡记分卡法一方面考核企业的产出(上期的结果),另一方面考核企业未来成长的潜力(下期的预测),再从客户的角度和公司业务角度两方面考核企业的运营状况参数,把公司的长期战略与短期行动联系起来,把远景目标转化为一套系统的绩效考核指标。

(二)平衡记分卡法的指标

与传统的财务导向的指标相比,如果能够识别与战略目标实现相关的关键绩效指标,并以这些指标为基础,就可以建立相应的绩效衡量的平衡记分卡法。平衡记分卡将任务与战略转化为目标和衡量指标,它强调非财务指标的重要性,它是从财务、客户、内部业务过程学习和成长四个方面来衡量绩效。依照平衡记分卡法的框架,对物流企业的绩效评价也从以下四个方面来研究。

1. 财务绩效评估指标

财务绩效评估指标显示了物流企业的战略及其执行对于股东利益的影响。企业的主要财务目标涉及盈利、股东价值实现和增长,相应的将其财务目标简单表示为生存、成功和价值增长。生存目标的评估指标有现金净流量和速动比率,成功目标的评估指标有权益净利率,价值增长目标的评估指标为相对市场份额增加额。平衡计分卡的财务绩效衡量显示企业的战略及其实施和执行是否正在为最终经营结果的改善作出贡献。常见的指标包括资产负债率、流动比率、速动比率、应收账款周转率、存货周转率、资本金利润率、销售利税率等(见表9-2)。

表9-2 财务绩效评估

目 标	评价指标	可量化模型
生存	现金净流量速动比率	物流业务经行中的现金流入-现金流出(流动资产-存货)/流动负债
成功	权益净利率	净利润/平均净资产
价值增长	相对市场份额增加额	物流业务在规定评价期内的业务增加额/在规定的评价期内同行业企业总收入增加额

注:上述评价指标的设计以属于投资中心的物流部门为例。

财务层面的绩效评估涵盖了传统的绩效评估方式,但是财务层面的评估指标并非唯一的或最重要的,它只是企业整体发展战略中不可忽视的一个要素。

2. 客户层面绩效评估指标

物流企业的经营不仅是为了获取财务上的直接收益,还要考虑战略资源的开发和保持。这种战略资源包括外部资源和内部资源,外部资源即客户。客户层面的绩效就是企业赖以生存的基础,具体要从企业进行客户开发的业绩和从客户方面的获利能力来衡量。一是客户对物流服务满意度的评价;二是企业的经营行为对客户开发的数量和质量的评价。平衡计分卡的客户衡量包括客户满意程度、客户忠诚度、客户获得、获利能力和在目标市场上所占的份额(见表9-3)。

表9-3 客户评价

目 标	评价指标	可量化模型
市场份额	市场占有率	客户数量、产品销售量
保持市场	客户保持率	保留或维持同现有客户关系的比率
拓展市场	客户获得率	新客户的数量或对新客户的销售量
客户满意	客户满意程度	客户满意率
客户获利	客户获利能力	份额最大客户获利水平、客户平均获利水平

3. 内部业务绩效评估指标

内部业务流程方面,内部经营过程衡量方法所重视的是对客户满意程度和实现组织财务目标影响最大的那些内部过程。企业物流的内部业务业绩来自企业的核心竞争力,即如何保持持久的市场领先地位、较高的市场占有率和营销的方针策略等,企业应当明确自己的优势,如高质量的产品和服务、优越的区位、资金的来源、优秀的管理人员等。平衡计分卡方法把革新过程引入内部经营过程之中,要求企业创造全新的产品和服务,以满足现有和未来目标客户的需求,这些过程能够创造未来企业的价值,提高未来企业的财务绩效(见表9-4)。

表9-4 内部业务评价

目 标	评价指标	可量化模型
价格合理	单位进货价格	每单位进货量价格
可得性	存货可得性	缺货率、供应比率、订货完成率
作业绩效	速度、一致性、灵活性、故障与恢复	完成定发货周期速度按时配送率、配送需求满足时间、次数、退货更换时间
可靠性	按时交货率、对配送延迟的提前通知、延迟订货发生次数	按时交货次数/总业务数配送延迟通知次数/配送延迟发生次数延期定货发生次数
硬件配置	网络化(采用JIT、MRP)等物流管理系统的客户	使用网络化物流管理的客户数/所有客户数
软件配置	优秀人员(完成规定任务的时间、质量、专业教育程度)	雇员完成规定任务的时间、雇员完成规定任务的差错率、接受过专业物流教育的雇员数

4.创新和学习层面绩效评估指标

创新和学习方面,组织的学习和成长有三个主要来源:人才、系统和组织程序。创新和学习层面强调企业不断创新,并保持其竞争能力和未来的发展趋势,因此无论是管理层还是基层员工都需要不断地学习,不断推出新产品和新服务,迅速有效地占领市场,减少运营成本,提高经营效率从而增加股东的价值。平衡计分卡法揭示人才、系统和程序的现有能力与实现突破性绩效所必需的能力之间的巨大差距,并加以改进(见表9-5)。

表9-5 创新与学习的评价

目 标	评价指标	可量化模型
信息系统方面	员工获得足够信息	成本信息及时传递给一线员工所用时间
员工能力管理方面	员工能力的提高,激发员工的主观能动性的创造力	员工满意率; 员工保持率; 员工的培训次数
调动员工积极性	激励与能力指标	员工建议数量; 员工建议被采纳或执行的数量
业务学习创新	信息化程度、研发投入	研究开发费增长率; 信息系统更新投入占销售额的比率; 同行业平均更新投入占销售额的比率

二、标杆法

(一)标杆法的含义

标杆法是建立在过程概念之下,通过对先进的组织或者物流企业进行对比分析,了解竞争对手的长处和具体的行事方式,在此基础上,对比自己的行事方式,然后制订出有效的赶超对策来改进自己的产品服务以及系统的一种有效的改进方式或活动。

简而言之,标杆法就是:①研究竞争对手的物流战略战术;②学习竞争对手先进的物流模式;③改进物流企业的物流流程及各种操作模式。

物流标杆法就是找一个物流企业作为参照系,这个参照系与自己物流企业的水平不能相差太多,否则就没有意义了。因此,要特别注意寻找比较合适的参照物流企业。

(二)传统物流绩效标杆的局限性分析

1. 无法及时反映物流供应链的动态运营情况

传统的物流绩效评估基本上通过财务数据来评估,在时间上较为滞后,无法及时反映出物流供应链的动态运营情况。此外,从成本构成来看,传统的物流绩效评估估算更多的是显性成本,还没有涉及隐性成本,如运输费用、仓储费用等。很多物流企业甚至连显性成本占年销售总额的百分比都没有算过,控制物流成本就比较困难了。因此,传统的绩效标杆,对物流并没有引起足够的重视。

物流不仅涉及仓储运输,还涉及管理的各个方面,包括预算、决算等。因此按照物流成本占销售总额的百分比就可以做到动态控制成本,由于销售在变化,物流成本也应该随之变化。

2. 不能客观评估物流运营情况

传统的物流绩效评估主要评估物流企业职能部门的工作完成情况,而无法对物流企业的整个物流业务流程进行科学的评估,更不能客观地评估整个物流供应链的运营情况。职能部门的工作完成情况往往局限于本部门,并没有关注部门之间的关系,也没有跟整个供应链的物流运作情况加以比较。比如运输,供应商送货过来,厂内运输则是各自为政,成品又是另外一批人运输,因为运量小,成本自然降不下来。如果三方同用一个运输车队,因为运输量大,运输成本就可以大幅下降。

可见,整个供应链都很重要,不能局部看问题,局部的优化代替不了整体的优化,整体的优化效果远远超过局部的优化效果。

3. 不能即时分析,只是事后总结

业务流程进行即时的评价和分析,侧重于传统的物流绩效评估,不能对物流供应链的事后分析评价。因此,当发现偏差时,偏差已成现实,其危害和损失已经造成,往往很难补偿。

(三)美国施乐公司的物流绩效标杆

在北美洲,绩效标杆法(Bench Marking)这个术语是和施乐公司同义的。在过去15年中,有100多家物流企业去学习施乐公司在这个领域的专门知识。施乐公司创立绩效标杆法开始于1979年,当时日本的竞争对手在复印行业中取胜,他们以高质量、低价格的产品,使施乐的市场占有率在几年时间里从49%减少到22%。为了迎接挑战,施乐高级经理们引进了若干质量和生产率计划的创意,其中绩效标杆法就是最有代表性的一项。

所谓"绩效标杆法"就是对照最强的竞争对手,或著名的顶级物流企业的有关指标而对自己的产品、服务和实施过程进行连续不断的衡量。施乐考虑到了客户的满意度,绩效标杆法执行得比原先最佳的实践还要好。达到这个目标的主要实践方法是取悦客户,展示给客户看与施乐公司做生意是多么容易和愉快;达到这个目标的主要途径是公司与客户之间的接触点。例如,拿取和填写订货单、开发票的全过程都必须保证客户满意的最佳实践标准。

在施乐公司,绩效标杆法是一个由如下四个阶段和十个步骤组成的程序。

第一阶段(三个步骤):识别什么可以成为标杆,识别可作为对照或对比的物流企业,数据收集。

第二阶段(三个步骤):确定当今的绩效水平,制订未来绩效水平计划,标杆的确认。

第三阶段(两个步骤):建立改进目标,制订行动计划。

第四阶段(两个步骤):执行行动计划和监督进程,修正绩效标杆。

一个绩效标杆作业往往需要6~9个月的实践,才能达到目标。需要这么长时间,是因为绩效标杆既需要战略的,也包括战术或运作的因素。从战略上讲,绩效标杆涉及物流企业的经营战略和核心竞争力问题;从战术上讲,一个物流企业必须对其内部运作有充分的了解和洞察,才能将之与外部诸因素相对比。

绩效标杆的实践运作主要包括以下三种类型。

(1)第一种类型是工作任务标杆。比如搬运装车、成组发运、排货出车的时间表等单个物流活动。

(2)第二种类型是广泛的功能标杆。就是要同时评估物流功能中的所有任务,例如改进仓储绩效的标杆(从储存、堆放、订货到运送等每一个作业)。

(3)第三种类型是管理过程的标杆。把物流的各个功能综合起来,共同关注诸如物流的服务质量、配送中心的运作、库存管理系统、物流信息系统及物流操作人员的培训与薪酬制度等,这种类型的标杆更为复杂,因为它跨越了物流的各项功能。

运用绩效标杆法实际上可打破传统的思维模式,将物流企业的经营目标与外部市场有机地联系起来,从而使物流企业的经营目标得到市场的认同而更加合理化。例如,它建立了物流客户服务标准,鼓励员工进行创造性的思维和竞争性的思维,并经常提高员工物流运作成本和物流服务绩效的意识。

缺乏准备是绩效标杆法失败的最大原因。对其他物流企业做现场视察,首先要求物流经理能完全理解本物流企业内部的物流运行程序,这种理解有助于识别哪些是企业要完成的,哪些是要从绩效标杆中寻求的信息。

施乐公司物流绩效标杆已取得了显著的成效。以前公司花费了80%的时间关注市场的竞争,现在施乐公司却花费了80%的精力集中研究竞争对手的革新和创造性活动,施乐公司更多地致力于产品质量和服务质量的竞争而不是价格的竞争。结果公司降低了50%的成本,缩短了25%的交货周期,并使员工增加了20%的收入,供应商的无缺陷率从92%提高到95%,采购成本也下降了45%,最可喜的是,公司的市场占有率有了大幅度的增长。

项目小结

物流绩效评价是将企业整个物流过程划分为各种不同形式的责任中心,对每个责任中心明确其责权及其绩效计量和评估方式,建立起以责任中心为主体,责、权、利相统一的机制,通过信息的积累、加工、反馈,形成物流系统内部的一种严密控制系统。

物流责任中心按照其内容的不同可以分为物流成本中心、物流利润中心和物流投资中心。不同的责任中心,其物流绩效考核的内容也不同。

现行的绩效考核方法包括平衡记分卡法和标杆法等,平衡记分卡法除了财务指标以外,还包括用一些非财务指标对物流企业的综合绩效进行评价。

【技能训练】

1. 了解一家企业的成本绩效评价采用了哪些分析指标,并提出对策建议。
2. 调查一家企业的物流成本绩效评价情况,结合学习内容,针对该企业的情况完成一份调研报告。

【同步测试】

一、单选题

1.（　　）是进行物流绩效评价的基础。
　A. 建立物流利润中心　　　　　B. 建立物流责任中心
　C. 建立物流成本中心　　　　　D. 建立物流仓储中心

2.（　　）是最高层次的责任中心。
　A. 物流成本中心　　　　　　　B. 物流利润中心
　C. 物流投资中心　　　　　　　D. 物流责任中心

3. 物流成本中心业绩评价和考核以（　　）作为主要依据。
　A. 可控成本　　B. 单位成本　　C. 不可控成本　　D. 营业成本

4.（　　）是指在物流活动中,耗费一定量的资金所获得的经济利益的能力。
　A. 物流职能成本率　　　　　　B. 物流成本利润率
　C. 物流效用成长率　　　　　　D. 物流成本率

5. 平衡记分卡法使用了一些关键的绩效指标,其中大多数是（　　）。
　A. 财务指标　　　　　　　　　B. 内部业务评价指标
　C. 非财务的指标　　　　　　　D. 客户评价指标

二、多选题

1. 物流成本绩效评价的原则有（　　）。
　A. 整体性原则　　B. 动态性原则　　C. 合理性原则　　D. 例外性原则

2. 企业物流成本中心分为（　　）。
　A. 技术性物流成本中心　　　　B. 基本物流成本中心
　C. 酌量性物流成本中心　　　　D. 复合物流成本中心

3. 根据企业内部各物流责任中心的权责范围及业务特点的不同,可以分为(　　)。
A. 物流成本中心　　B. 物流利润中心　　C. 物流管理中心　　D. 物流投资中心
4. 物流企业利润中心包括(　　)两种形式。
A. 内部利润中心　　　　　　　　B. 自然物流利润中心
C. 外部利润中心　　　　　　　　D. 人为物流利润中心
5. 利润中心是指对(　　)负责的责任中心。
A. 成本　　　　B. 收入　　　　C. 利润　　　　D. 税金

三、简答题

1. 什么是物流成本绩效评价？它的主要内容是什么？
2. 简述物流成本绩效评价的步骤。
3. 物流责任中心有哪些类别？如何对其绩效进行评价？
4. 什么是平衡计分卡法？如何利用平衡计分卡法进行综合绩效评价？
5. 什么是标杆法？其主要步骤有哪些？

参 考 文 献

[1] 白世贞.现代物流管理[M].北京:人民交通出版社,2005.
[2] 鲍新中.物流成本管理与控制[M].北京:电子工业出版社,2007.
[3] 鲍新中,崔巍.物流成本管理与控制[M].3版.北京:电子工业出版社,2012.
[4] 曾剑,王景锋,邹敏.物流管理基础[M].北京:机械工业出版,2006.
[5] 邓凤祥.现代物流成本管理[M].北京:经济管理出版社,2003.
[6] 冯耕中.物流成本管理[M].北京:中国人民大学出版社,2010.
[7] 傅佳林.物流成本管理[M].北京:中国物资出版社,2004.
[8] 黄中鼎.现代物流管理[M].上海:复旦大学出版社,2005.
[9] 霍红.物流管理:物流师考试指南[M].北京:中国物资出版社,2004.
[10] 贾曦.物流经典故事赏析[M].北京:经济日报出版社,2014.
[11] 蒋金森.成本会计[M].上海:立信会计出版社,2005.
[12] 蒋长兵.物流概论[M].北京:电子工业出版社,2012.
[13] 李建丽.物流成本管理[M].北京:人民交通出版社,2005.
[14] 杨头平.企业物流成本控制与优化[M].北京:知识产权出版社,2011.
[15] 易华,李伊松.物流成本管理[M].3版.北京:机械工业出版社,2014.
[16] 李永生,郑文岭.仓储与配送管理[M].北京:机械工业出版社,2003.
[17] 连桂兰.如何进行物流成本管理[M].北京:北京大学出版社,2003.
[18] 梁金萍.现代物流学[M].大连:东北财经大学出版社,2003.
[19] 浦震寰.现代仓储管理[M].北京:科学出版社,2006.
[20] 云虹.物流成本管理与控制[M].北京:人民交通出版社,2010.
[21] 秦英.仓储与配送管理[M].北京:北京师范大学出版社,2007.
[22] 汝宜红.物流学[M].北京:中国铁道出版社,2006.
[23] 宋华.物流成本与供应链绩效管理[M].北京:人民邮电出版社,2007.
[24] 赵钢,周凌云.物流成本分析与控制[M].2版.北京:清华大学出版社,2014.
[25] 闫平,彭卫华.物流成本管理[M].北京:中国商业出版社,2007.
[26] 杨翠萍,李洁.成本会计[M].北京:中国财政经济出版社,2005.
[27] 赵刚.物流成本分析与控制[M].成都:四川人民出版社,2009.
[28] 诊断师物流研究会.物流成本的分析与控制[M].宋华,曹莉,译.北京:电子工业出版社,2005.
[29] 贺飞.作业成本法应用中存在的问题及对策[J].行政事业资产与财务,2014(21):219-220.
[30] 乔峰.浅析企业的仓储成本控制[J].经管空间,2015(5):11-12.
[31] 胡洪.浅谈仓储成本的预测与决策[J].物流科技,2014,37(7):118-119.

[32] 翁心刚,蔡南珊.物流成本:物流管理的永恒课题[J].中国储运,2003(4):20-24.

[33] 肖大梅.传统成本核算法与作业成本法应用的对比分析[J].商业会计,2016,4(8):83-85.

[34] 赵秉印.企业物流成本预算管理体系构建问题的研究[J].物流技术,2013,32(6):226-228.

[35] 张津菁.S物流有限公司仓储成本控制研究[D].天津:天津大学,2013.